Socialismo y marxismo

Socialismo y marxismo

Fernando Martínez Heredia

Néstor Kohan

ocean
sur

7 SEVEN STORIES

New York • Oakland • London

Seven Stories Press/Ocean Sur
140 Watts Street
New York, NY 10013
www.sevenstories.com

ISBN: 978-1-925019-61-2

153688514

Índice

Socialismo

Fernando Martínez Heredia

Socialismo, socialistas

El concepto socialismo ha sido cargado de sentido desde una amplia gama de orientaciones ideológicas y políticas, durante más de un siglo y medio. Sin duda, esto dificulta el trabajo con él desde una perspectiva de ciencia social, pero es preferible, en vez de lamentarlo, partir de esa realidad, que es casi imposible separar del concepto. Lo más importante es que desde el siglo XIX y en el curso del siglo XX la noción de socialismo auspició a un amplísimo campo de demandas y anhelos de mejoramiento social y personal, y después de 1917 llegó a asociarse a las empresas de transformación social y humana más ambiciosas y profundas que ha vivido la Humanidad, constituyendo a la vez el reto más grave que ha sufrido la existencia del capitalismo, en todas sus variantes, a escala mundial.

También ha estado vinculado el socialismo a la interrogante crucial de esta época: la multiplicación acelerada de logros técnicos y científicos en tantos campos, y de las necesidades asociadas a ellos, del conocimiento cada vez más profundo de los seres humanos, y del desarrollo de las subjetividades y las relaciones interpersonales, es decir, el raudo crecimiento de las potencialidades y las expectativas de la Humanidad, ¿desembocará en una agudización de la dominación más completa y despiadada sobre las personas y la mayoría de los países, y de la pauperización de gran parte de su población, más un deterioro irremediable del medio en que vivimos? ¿O será el prólogo de movimientos e ideas que logren transformar el mundo y la vida para poner aquellos logros inmensos al servicio de las mayorías y de la creación de un orden social y humano en que primen la justicia, la libertad, la satisfacción de necesidades y deseos y la convivencia solidaria?

Socialismo y socialista han sido denominaciones utilizadas por muy disímiles partidos y movimientos políticos, Estados, corrientes ideológicas y cuerpos de pensamiento, para definirse a sí mismos o para calificar a otros. Las posiciones que se autocalifican socialistas pueden considerar al capitalismo su antinomia y trabajar por su eliminación, o limitarse a ser un adversario legal suyo e intentar cambiarlo de manera evolutiva, o ser apenas una conciencia crítica del orden social vigente. Por otra parte, la tónica predominante al tratar el concepto en los medios masivos de comunicación y en la literatura divulgativa —incluidas enciclopedias—, y en gran parte de las obras especializadas, ha sido una sistemática devaluación intelectual del socialismo, simplificaciones, distorsiones y acusaciones morales y políticas de todo tipo. Pocos conceptos han confrontado tanta hostilidad, que aquí registro solamente como un dato a tener en cuenta.

Las relaciones entre los conceptos socialismo y comunismo —a las que me referiré más adelante— no solo pertenecen al campo teórico y a las experiencias prácticas socialistas; el cuadro de hostilidad mencionado ha llevado muchas veces a preferir el uso exclusivo de la palabra socialismo, para evitar las consecuencias de incomunicación o malos entendidos que se levantan de inmediato si se utiliza también la palabra comunismo. Esa desventaja fue agravada durante una gran parte del siglo XX por la connotación que le dio a «comunismo» ser identificado con la tendencia que más fuerte que ha habido dentro de las experiencias, organizaciones e ideas socialistas, es decir, la integrada por la Unión Soviética, el llamado movimiento comunista internacional y la corriente marxista que llamaron marxismo leninismo.

No pretendo criticar, o siquiera comentar, las muy diversas definiciones y aproximaciones que registra el concepto de socialismo, ni el océano de bibliografía con que cuenta este tema. Intentar apenas esa valiosa tarea erudita ocuparía todo el espacio de este ensayo, y no sería lo apropiado. Solo por excepción coloco algunas notas al pie, para que estas no estorben al aire del texto y su intención. A mi juicio debo exponer aquí de manera positiva lo que entiendo básico en el concepto de socialismo, los problemas que confronta y la utilidad que puede ofrecer para el trabajo intelectual, desde mi perspectiva y desde nuestro tiempo y el mundo en que vivimos.

Dos precisiones previas, que son cuestiones de método. Una, todo concepto social debe ser definido también en relación con su historia como concepto. En unos casos puede parecer más obvio o provechoso hacerlo, y en otros más dispensable, pero entiendo que en todos los casos es necesario. La otra, en los conceptos que se refieren a movimientos que existen y pugnan en ámbitos públicos de la actividad humana, es necesario distinguir entre los enunciados teóricos y las experiencias prácticas. Tendré en cuenta ambos requerimientos en este artículo.

Historia y concepto, prácticas y concepto

El socialismo está ligado al establecimiento de sociedades modernas capitalistas en Europa y en el mundo, si prescindimos de una dilatada historia que se remonta a las más antiguas sociedades con sistemas de dominación. Esta incluye rebeliones de los de abajo contra las opresiones, por la justicia social, la igualdad personal o la vida en comunidad, actividades de reformadores que tuvieron más o menos poder, y también creencias e ideas que fueron formuladas como destinos o parusías, y construcciones intelectuales de pensadores, basadas en la igualdad de las personas y en un orden social colectivista, usualmente atribuidas a una edad pasada o a una era futura sine dia. En la Europa de la primera mitad del siglo XIX le llamaban socialismo a diferentes teorías y movimientos que postulaban o buscaban sobre todo la igualdad, una justicia social y un gobierno del pueblo, e iban contra el individualismo, la competencia y el afán de lucro nacidos de la propiedad privada capitalista, y contra los regímenes políticos. Prefiguraban sociedades más o menos perfectas o favorecían la idea de que predominaran los productores libres.

En general, esos socialismos debían mucho de su lenguaje y su mundo ideal a los radicalismos desplegados durante y a consecuencia de las revoluciones burguesas, especialmente de la francesa, pero encontraron base social entre los contingentes crecientes de trabajadores industriales y sus constelaciones sociales. Una parte de esos trabajadores solían luchar por algunas reformas que los favorecieran y potenciaban sus identidades a través de movimientos sociales; en ciertas coyunturas encontraban lugar o recibían apoyo de organismos políticos. Pero surgieron también otros activistas y pensadores que aspiraban a mucho más: cambios radicales que implantaran la justicia social, o que llevaran la libertad personal mucho más lejos que sus horizontes burgueses. Socialistas, comunistas y anarquistas pensaron y actuaron en alguna medida durante las grandes convulsiones europeas que son conocidas genéricamente como la Revolución del 48.

En la Europa del medio siglo siguiente se desplegó la mayor parte de las ideas centrales del socialismo, y sucedieron algunas experiencias muy radicales, pero sobre todo sobrevino la adecuación de la mayoría de los movimientos socialistas a la hegemonía de la burguesía. El triunfo del nuevo tipo de desarrollo económico capitalista, ligado a la generalización del mercado, el dinero, la gran industria y la banca, las nuevas relaciones de producción, distribución y consumo, el mercado mundial y el colonialismo, unido a la caída del antiguo régimen y las nuevas instituciones e ideas políticas e ideológicas creadas a partir de las revoluciones burguesas y las reformas del siglo XIX, habían transformado a fondo a las sociedades en una gran parte del continente. Pero entonces fue posible entender también esos profundos cambios como los procesos de creación de condiciones imprescindibles para que la humanidad contara con medios materiales y capacidades suficientes para abolir con éxito la explotación del trabajo y la propiedad privada burguesa, las opresiones sociales y políticas, el propio poder del Estado y la enajenación de los individuos.

Esa concepción estaba ligada a la convicción o la confianza en la actuación decisiva que tendría un nuevo sujeto histórico. El mismo proceso de auge del capitalismo en Europa estaba creando una nueva clase —el proletariado—, capaz de llevar a cabo una nueva labor revolucionaria y destinada a ello por su propia naturaleza; su trabajo, igual que el de la burguesía, tendría alcance mundial, pero con un contenido opuesto, liberador de todas las opresiones y de todos los oprimidos. El nacionalismo, política e ideal triunfante en gran parte del continente y que parecía próximo a generalizarse, sería superado por la acción del proletariado paneuropeo, que conduciría finalmente al resto del mundo a un nuevo orden en el cual no habría fronteras. Las ideologías burguesas del progreso y de la civilización podían ser aceptadas por los proletarios porque ellos las volverían contra el dominio burgués: el socialismo sería la realización de la racionalidad moderna. Aún más, el auge y el imperio de la ciencia, con su positivismo y su evolucionismo victoriosos, podían brindar la clave de la evolución social, si se hacía ciencia desde la clase proletaria.

Una concepción se abrió paso entre las ideas anticapitalistas, en franca polémica con el anarquismo en torno a los problemas de la acción política y del Estado futuro, aunque coincidiendo con él en cuanto a la oposición radical al sistema capitalista y la abolición de la propiedad privada. Esta fue la concepción de Carlos Marx (1818-1883), que en vida suya comenzaron otros a llamar marxismo. Ella ha sido el principal adversario del capitalismo desde entonces hasta hoy, como cuerpo teórico y como ideología; además, innumerables movimientos políticos y sociales anticapitalistas y de liberación en todo el mundo se han proclamado marxistas, y prácticamente todas las experiencias socialistas lo han hecho también. La producción intelectual, su historia de más de siglo y medio y las diferentes tendencias del marxismo están profundamente vinculadas a todo abordaje que se haga del concepto de socialismo. No me es posible sintetizar ese conjunto, por lo que me limito a presentar un sucinto repertorio del marxismo originario, tan abreviado que no tiene en cuenta la evolución de las ideas del propio Marx. Más adelante añadiré algunos comentarios muy parciales.

Carlos Marx intentó desarrollar su posición teórica a través de un plan sumamente ambicioso, que solo en parte pudo realizar; pero además es erróneo creer que estuvo elaborando un sistema filosófico acabado, como había sido usual en el medio intelectual en que se formó inicialmente. Marx fue un pensador social, lo que sucede es que puso las bases y construyó en buena medida un nuevo paradigma de ciencia social, en mi opinión el más idóneo, útil y de mayores potencialidades de los existentes hasta hoy. También entiendo que existe ambigüedad en ciertos puntos importantes de su obra teórica, y además ella adolece de ausencias y contiene algunos errores, exageraciones y tópicos que hoy son insostenibles. A pesar de su radical novedad, la concepción de Marx no podía ser ajena a las influencias del ambiente intelectual de su época, aunque fue capaz de mantener su identidad ante él, y de contradecirlo. No puede decirse lo mismo de la mayor parte de sus seguidores, lo cual ha tenido consecuencias muy negativas. En general, la posición tan revolucionaria de Marx resultaba demasiado chocante, y el conjunto formado por la calidad de contenido y el carácter subversivo de su teoría, su intransigencia política y su ideal comunista concitó simplificaciones, rechazos, distorsiones y exclusiones. Apunto los rasgos de su pensamiento que considero básicos:

1) el tipo capitalista de sociedad fue su objeto de estudio principal, y a su luz es que hizo postulaciones sobre otras realidades o planteó preguntas acerca de ellas. Tanto por su método como a través de la investigación de la especificidad del capitalismo, Marx produjo un pensamiento no evolucionista, cuando esa corriente estaba triunfando en toda la línea. Para él, lo social no es un corolario de lo natural;

2) se enfrentó resueltamente al positivismo, que en su tiempo se convertía en la dirección principal del pensamiento social, y propuso una concepción alternativa;

3) superó críticamente los puntos de partida de los sistemas filosóficos llamados materialistas e idealistas, y la especulación filosófica en general, colocándose en un terreno teórico nuevo;

4) produjo una teoría del modo de producción capitalista, capaz de servir como modelo para estudiar las sociedades «modernas» como sistemas de relaciones sociales de explotación y de dominación entre grandes grupos humanos. Esa teoría permite investigar las características y los instrumentos de la reproducción del sistema de dominación, las contradicciones internas principales de esas sociedades, su proceso histórico de origen, desarrollo y apogeo, y sus tendencias previsibles;

5) para Marx, la dinámica social fundamental proviene de la lucha de clases moderna. Mediante ella se constituyen del todo las clases sociales, se despliegan sus conflictos y tienden a resolverse mediante cambios revolucionarios. Las luchas de clases no «emanan» de una «estructura de clase» determinada a la cual las clases «pertenecen». La teoría de las luchas de clases es el núcleo central de su concepción;

6) la historia es una dimensión necesaria para su teoría, dados su método y sus preguntas fundamentales. ¿Cómo funcionan, por qué y cómo cambian las sociedades?, se pregunta Marx. Su concepción de la historicidad y del movimiento histórico de las sociedades trata de conjugar los modos de producción y las luchas de clases, pero sus estudios del capitalismo son la base de sus afirmaciones, hipótesis y sugerencias acerca de otras sociedades no europeas o anteriores al desarrollo del capitalismo, de las preguntas que se hace acerca de ellas, y de las prevenciones que formula respecto a la ampliación de su teoría a otros ámbitos históricos;

7) su concepción unitaria de la ciencia social, y su manera de relacionar la ciencia con la conciencia social, la dominación de clase y la dinámica histórica entre ellas, inauguraron una posición teórica que es muy diferente a la especialización, las perspectivas y el canon de «objetividad» de las disciplinas y profesiones que se estaban constituyendo entonces, como la Economía, la Historia y la Sociología. Ese es uno de los sentidos principales de la palabra «crítica», tan usual en los títulos de obras suyas. Marx puso las bases de la sociología del conocimiento social;

8) Marx es ajeno a la creencia en que la consecuencia feliz de la evolución progresiva de la Humanidad sea el paso ineluctable del capitalismo al socialismo. Esta aclaración es muy necesaria,

por dos tipos de razones: a) como ideología de la liberación, la propuesta de Marx era más bien una profecía, frente al inmenso poder burgués y la incipiencia de su movimiento. Para reafirmarse y avanzar, los marxistas comenzaron a atribuirse el respaldo de la Historia, de la ciencia y de la propia ideología burguesa del progreso: ellos eran la promesa de que el futuro sería del socialismo; b) en la época de Marx la actividad científica estaba muy ligada al determinismo. Numerosos pasajes suyos sugieren que el modo de producción capitalista contiene rasgos y tendencias que lo llevarán hacia su destrucción, pero eso se debe a cuestiones de método en su investigación y de exposiciones parciales de su concepción. La expresión misma de «socialismo científico» reúne ideología y ciencia, que se refuerzan mutuamente. Pero Marx siempre postuló muy claramente que el derrocamiento del capitalismo solo sucedería mediante la revolución proletaria, o revoluciones proletarias, que conquisten el poder político a escala mundial y establezcan la dictadura revolucionaria de la clase proletaria;

9) según Marx, solo a través de un prolongado período histórico de muy profundas transformaciones revolucionarias —del que apenas bosquejó algunos rasgos— se avanzará desde la abolición de la explotación del trabajo y la apropiación burguesas hacia la abolición del tiempo de trabajo como medida de la economía, la extinción de los sistemas de dominación de clases y los Estados, la desaparición progresiva de toda dominación y la formación de una sociedad comunista de productores libres asociados, nuevas formas de apropiación, nuevas personas y una nueva cultura. El poder público perderá su carácter político, y junto con el antagonismo y la dominación de clase se extinguirán las clases: «surgirá una asociación en que el libre desenvolvimiento de cada uno será la condición del libre desenvolvimiento de todos».

El ápice de los movimientos anticapitalistas del siglo XIX fue la
Comuna de París, en 1871, primera experiencia de un poder pro-
letario. Aunque efímera y aplastada a sangre y fuego, la Comuna
dejó un legado sumamente valioso: sus hechos mismos y las
enseñanzas que aportaron, una identidad rebelde que al fin tuvo
encarnaciones propias, insurrección heroica con democracia parti-
cipativa, y la Internacional, una canción que ha alcanzado signifi-
cado de símbolo a escala mundial. Hasta poco antes las represiones
y la negación de ciudadanía plena al pueblo habían sido armas
comunes a los príncipes y los políticos liberales europeos, mientras la autonomía local, la democracia, la soberanía popular y las
cuestiones de género eran banderas de los socialistas. Pero en 1871
ya estaban en marcha reformas que llevaron a la construcción de
un nuevo sistema en los Estados nacionales, con derecho general
al voto de los varones, constituciones, estado de derecho, parla-
mentos y predominio de la instancia nacional, un nuevo orden que
cedió en materia de ciudadanía y representación, y en derechos de
organización social y política, en una Europa que desplegaba el
imperialismo y renovaba el colonialismo. Los movimientos socialistas encontraron un lugar en ese sistema; el socialismo colaboró
así en la elaboración de la hegemonía burguesa, reduciéndose progresivamente de antinomia a diversidad dentro del capitalismo.

Partidos de trabajadores y federaciones sindicales que se decla-
raban socialistas y marxistas alcanzaron éxitos notables dentro de
la legalidad que se abrió ya en los años 70, dieron más impulso
a sus intereses corporativos y a las luchas por democracia en sus
países, y se asociaron en una Segunda Internacional. Pero ellos se
alejaron definitivamente de los ideales y la estrategia revolucionaria, y asumieron el reformismo como guía general de su actuación.
Estaban escindidos, entre los ritos de su origen y su adecuación al
dominio burgués, que llegó a hacerlos cómplices del colonialismo,
en nombre de la civilización y de la misión mundial del hombre

blanco. Su pensamiento también se escindió, entre una «ortodoxia» y un «revisionismo» marxistas, que a pesar de sostener controversias constituían las dos caras de una misma moneda. La gente común que se sentía socialista vivía el activismo sindical o la participación política como formas de obtener mejoras en la calidad de la vida, superación personal y satisfacciones en su pertenencia a un ideal organizado; o admiraba al socialismo como ideal de los trabajadores y los pobres, acicate para adquirir educación y creencia que aseguraba que el progreso llevaría a un mundo futuro sin capitalismo.

Socialismo y revoluciones anticapitalistas de liberación

La «bella época» del imperialismo desembocó en la horrorosa guerra mundial de 1914-1918. Pero en 1917 la quebrantada Rusia zarista entró en revolución. El Partido Obrero Socialdemócrata ruso (bolchevique) —dirigido por Vladimir I. Lenin y opuesto a la posición de la II Internacional—, que había pasado a llamarse Partido Comunista desde abril, logró tomar el poder y convertir aquel proceso en una revolución anticapitalista. El bolchevismo desplegó una gigantesca labor práctica y teórica que transformó o creó numerosas instituciones y relaciones sociales, a favor de los pueblos de la Rusia Soviética-URSS, y multiplicó las capacidades humanas y políticas de millones de personas.

Ese evento histórico afectó profundamente al concepto de socialismo. Las ideas sobre el cambio social y el socialismo fueron puestas a prueba, tanto las previas como las nuevas que surgieron en aquella experiencia. En vez de la creencia en la evolución natural que llevaría del capitalismo al socialismo, y de los debates anteriores acerca del «derrumbe» forzoso del capitalismo a consecuencia de sus propias contradicciones, el bolchevismo puso a discusión la naturaleza del poder obrero, la actualidad de la revolución, los problemas de la organización estatal y partidaria, la política económica, la nueva educación y los nuevos valores, la creación de formas socialistas de vida cotidiana, los rasgos y los problemas fundamentales de la transición socialista, las perspectivas del socialismo. El objeto de la teoría marxista se amplió. El campo conceptual y político del socialismo fue sometido a una alternativa, entre la revolución y el reformismo, entre el comunismo y el reformismo socialdemócrata; la separación entre ambas posiciones fue tajante y cada una tendió a negar a la otra.

El impacto y la influencia de la revolución bolchevique a escala europea y mundial fueron inmensos. La existencia y los logros de la URSS daban crédito a la posibilidad de alcanzar el socialismo en otros países, elevaron mucho el prestigio y la divulgación de las ideas socialistas y permitieron que las ideas internacionalistas se pusieran en práctica. Después de 1919, la creación y el desarrollo de la Internacional Comunista y su red de organizaciones sociales fue el vehículo para formar un movimiento comunista que actuó en numerosos lugares del mundo. Se pretendió que una sola forma organizativa y un mismo cuerpo ideológico-teórico fueran compartidos por los revolucionarios anticapitalistas de todo el orbe, y que la línea de la Internacional se tornara determinante en las políticas y los proyectos de cambio en todas partes. Los partidos comunistas que se fueron creando en docenas de países debían ser los agentes principales de esa labor. En escala muy diversa y adecuada a las más disímiles situaciones, la influencia del socialismo soviético estuvo presente en las experiencias de creación de sociedades socialistas a lo largo del siglo XX.

El concepto de socialismo del marxismo originario sufrió adaptaciones a prácticas que fueron más o menos lejanas a sus postulados teóricos, por dos razones principales:

a) para Marx, la revolución anticapitalista y el nuevo régimen previsto debían ser victoriosos a escala mundial, es decir, a la escala alcanzada por el capitalismo. Al no suceder así, ambos tipos de sociedad quedaron como poderes enfrentados en una enemistad mortal. Pero en el interior de los regímenes de transición socialista estuvieron presente cada vez más instrumentos, relaciones, formas de reproducción de la vida social y de dominación del capitalismo; y

b) el predominio de intereses parciales y la apropiación del poder por ciertos grupos en esas sociedades en transición, con la consiguiente expropiación de los medios revolucionarios, la participación democrática y la libertad necesarios para la formación de personas y relaciones socialistas.

El proceso de la transición socialista debía ser diferente y opuesto al capitalismo —y no solo opuesto a él—, y sobre todo debía ser un conjunto y una sucesión de creaciones culturales superiores, obra de contingentes cada vez más numerosos, más conscientes y más capaces de dirigir los procesos sociales. En vez de esto sucedió una historia de deformaciones, detenciones, retrocesos e incluso desafueros. Durante ese proceso el socialismo fue referido a necesidades e intereses del poder en la URSS —«el socialismo en un solo país»—, convertido en sinónimo de metas civilizadoras o demagógicas —«construcción del socialismo», «régimen social superior»—, referido a una competencia entre superpotencias —«alcanzar y superar»—, e incluso llegó a ser un apelativo de consuelo: «el socialismo real». En 1965, Ernesto Che Guevara escribió en un texto clásico acerca del socialismo: «...el escolasticismo que ha frenado el desarrollo de la filosofía marxista e impedido el tratamiento sistemático del período». La gran experiencia de la URSS y de otros países de Europa degeneró en un bloque de poder que asfixiaba a sus propias sociedades y participaba en la geopolítica de una época. Después de sufrir procesos de corrosión paulatina, finalmente aquel socialismo de las fuerzas productivas y la dominación de grupos fue vencido por las fuerzas productivas y por la cultura del capitalismo. La caída de esos regímenes, tan súbita como indecorosa, le infligió un daño inmenso al prestigio del socialismo en todo el mundo.

Sería un grave error, sin embargo, reducir la historia del concepto y las experiencias del socialismo al ámbito de aquellos poderes europeos. En la propia Europa la cuestión del socialismo registró numerosas experiencias y aportes intelectuales; algunos de estos —como los de Antonio Gramsci— han sido muy trascendentes para la teoría. En América Latina y el Caribe, las necesidades y las ideas relacionaron a la libertad y el anticolonialismo con la justicia social, desde los primeros movimientos autóctonos. La cuestión social fue pensada por radicales durante las gestas independentistas y en las nuevas repúblicas; el socialismo, como otras concepciones, fue valorado sobre todo en relación con los objetivos y las posiciones que se defendían o promovían. El caso de José Martí (1853-1895) es paradigmático. El cubano fue a mi juicio el pensador y el político más subversivo de su tiempo en América, respecto al colonialismo, a las clases dominantes del continente y al naciente imperialismo norteamericano. Martí conoció ideas marxianas y anarquistas, y admiró a Marx y los luchadores obreros de Estados Unidos, pero fijó su distancia política e ideológica respecto a ellos. Su lucha y su proyecto eran de liberación nacional, una guerra revolucionaria para conseguir la formación de nuevas capacidades en un pueblo colonizado y la creación de una república democrática en Cuba, la detención del expansionismo norteamericano en el Caribe y el inicio de un nuevo ciclo revolucionario que cambiara el sistema vigente entonces en las repúblicas latinoamericanas.

Hace más de un siglo que las ideas socialistas existen en América, y organizaciones que las proclaman o tratan efectivamente de realizarlas. Una gran corriente ha sido la que se inscribió, fue fundada o influida por la Internacional Comunista, y sus sucesores en ese movimiento. Otras han sido las de pensadores y organizaciones, muy diversos entre sí, pero identificables por su inspiración en los problemas, las identidades y las situaciones latinoamericanas, que han debido ser antimperialistas para lograr ser anticapitalistas y socialistas; entre sus líderes ha habido personas extraordinarias, como Augusto César Sandino y Antonio Guiteras. El socialismo sigue vivo en el pensamiento latinoamericano actual —que es tan vigoroso—, y en movimientos sociales y políticos cuya capacidad de proyecto acompaña a su actividad cotidiana.

La historia del concepto de socialismo en Asia y África ha estado ligada al desarrollo de las revoluciones de liberación nacional y social, y a la emergencia y afirmación de Estados independientes. Han sido muy valiosos los aportes de China y Vietnam, pero también los de Corea, los luchadores de las colonias portuguesas y Argelia, y otros africanos y asiáticos. En África, cierto número de Estados se calificaron de socialistas en las primeras décadas de su existencia como tales, y también movimientos políticos que deseaban unir la justicia social a la búsqueda de la liberación nacional.

Experiencias y deber ser, poder y proyecto, concepto de transición socialista

La historia de las experiencias de socialismo en el siglo XX ha sido satanizada en los últimos quince años, y tiende a ser olvidada. Es vital impedir esto, si se quiere comprender y utilizar el concepto, pero sobre todo para examinar mejor las opciones que tiene la humanidad ante los graves peligros, miserias y dificultades que la agobian en la actualidad. El balance crítico de las experiencias socialistas que ha habido y existen es un ejercicio indispensable para manejar el concepto de socialismo. Contribuyo a ese examen con algunas proposiciones.

Poderes que aspiraban al socialismo organizaron y desarrollaron economías diferentes a las del capitalismo, basadas en su origen en satisfacer las necesidades humanas y la justicia social; los Estados las articularon con muy amplias políticas sociales y con cierto grado de planeamiento. Pueblos enteros se movilizaron en la defensa y el despliegue de esas sociedades, lo cual aumentó sus capacidades, la calidad de la vida y la condición humana. Esas experiencias y las luchas de liberación y anticapitalistas involucraron a cientos de millones de personas; ellas, y la acumulación cultural que han producido, constituyen el evento social más trascendente del siglo XX. Pero a pesar de sus enormes logros, los poderes socialistas acumularon descalabros y graves faltas en cuanto a elaborar un tipo propio de democracia y enfrentar los problemas de su propio tipo de dominación, no le dieron cada vez más espacio y poder a la sociedad, y en síntesis se mostraron incapaces de echar las bases de una nueva cultura, de liberación humana y social. La victoria del capitalismo frente a este socialismo ha sido reabsorberlo a mediano o largo plazo, lo cual forma parte de su extraordinaria cualidad de absorber los movimientos y las ideas de rebeldía dentro de su corriente principal. Pese a ser esta la línea general, Cuba, un pequeño país de Occidente, ha logrado mantener su tipo de transición socialista durante casi medio siglo.

En cuanto se habla de socialismo aparece la necesidad de distinguir entre las propuestas y el deber ser del socialismo, por una parte, y las formas concretas en que ha existido y existe en países y regiones, a partir de las luchas de liberación y los cambios profundos en las sociedades que han emprendido transiciones socialistas. Las ideas, la prefiguración, los ideales, la profecía, el proyecto, constituyen el fundamento, el alma y la razón de ser del socialismo, y brindan las metas que inspiran a sus seguidores. Las experiencias son, sin embargo, la materia misma de la lucha y la esperanza; mediante ellas avanza o no el socialismo, y por ellas suele ser medido.

Esa distinción es básica, pero no es la única importante cuando se reflexiona acerca del socialismo. En cuanto se aborda una experiencia socialista, se encuentran dos problemas. Uno es interno al país en cuestión: cómo son allí las relaciones entre el poder que existe y el proyecto enunciado; y el otro es externo: se refiere a las relaciones entre aquel país en transición socialista y el resto del mundo. En la realidad ambos problemas están muy relacionados: las prácticas que se tengan en cuanto a cada uno de ellos afectan al otro, y en alguna medida lo condicionan.

Las cuestiones planteadas por las experiencias socialistas no existen separadas, ni en estado «puro». Hay que enfrentarlas todas a la vez, o están mezcladas o combinadas, ayudándose, estorbándose o confrontándose, exigiendo esfuerzos o sugiriendo olvidos y posposiciones que pueden ser fatales. Sus realidades propias, y cierto número de situaciones y sucesos ajenos, condicionan cada proceso. Enumero algunas cuestiones centrales. Cada transición socialista debe conseguir cambios «civilizatorios» a escala de su población, no de una parte de ella, y debatirse entre ese deber y el complejo formado por los recursos con que cuenta; pero a la vez se debatirá con la exigencia de cambios de liberación que debe ir conquistando, o todo el proceso se desnaturalizaría. Las correlaciones entre los grados de libertad que tiene y las necesidades que la obligan son cruciales, porque la creación del socialismo depende básicamente del desarrollo de la actividad calificada que sea superior a las necesidades y constricciones. Cómo combinar cambios y permanencias, relaciones sociales e ideologías que vienen del capitalismo —y que son muy capaces de rehacer o generar capitalismo— con otras que están destinadas a formar personas diferentes, nuevas, y a producir una sociedad y una cultura nuevas. Cómo aprovechar, estimular o modificar las motivaciones y actitudes de los individuos —que son los que pueden hacer realidad el socialismo—, cuando el poder socialista es tan abarcador en la economía, la política, la formación y reproducción ideológica y la vida cotidiana de las personas, y tiende a hacerse permanente. Cómo lograr que prevalezca el proyecto sobre el poder, cuando este suma a los ámbitos referidos la defensa del país frente al imperialismo y los enemigos internos. Hacer que prevalezca el internacionalismo sobre la razón de Estado. Y hay muchos más dilemas y problemas.

Es necesario que el pensamiento se ocupe de los problemas centrales, como los citados y otros, porque él debe cumplir una función crucial en la realización práctica del socialismo. No hay retórica en esta afirmación, es que para toda la época de la transición socialista el factor subjetivo está obligado a ser determinante, y para ello debe desarrollarse y ser muy creador. Algunas cuestiones teóricas más generales, ligadas a los problemas que cité arriba, resultan de utilidad permanente en el trabajo con este concepto. También poseen ese valor proposiciones estratégicas del marxismo originario, como la de la necesidad de la revolución a escala mundial —frente al ámbito nacional de cada experiencia socialista y frente a un capitalismo que ha sido cada vez más profundamente mundializado—, o el problema de decidir qué es lo fundamental a desarrollar en las sociedades que emprenden el camino de creación del socialismo.

Paso a exponer mi concepto de transición socialista, que intenta precisar y hacer más útil para el trabajo intelectual el concepto de socialismo. La transición socialista es la época consistente en cambios profundos y sucesivos de las relaciones e instituciones sociales, y de los seres humanos, que se van cambiando a sí mismos mientras se van haciendo dueños de las relaciones sociales. Es muy prolongada en el tiempo, y sucede a escala de formaciones sociales nacionales. Es ante todo un poder político e ideológico, para realizar el proyecto revolucionario de elevar a la sociedad toda y a cada uno de sus miembros por encima de las condiciones existentes, y no para adecuarse a ellas. El socialismo no surge de la evolución progresiva del capitalismo; este ha sido creador de premisas económicas, de individualización, ideales, sistemas políticos e ideológicos democráticos, que han permitido postular el comunismo y el socialismo. Pero de su evolución solo surge más capitalismo. El socialismo es una opción, y existirá a partir de la voluntad y de la acción que sean capaces de crear nuevas realidades. Es el ejercicio de comportamientos públicos y no públicos de masas organizadas que toman el camino de su liberación total.

La práctica revolucionaria de los individuos de las clases explotadas y dominadas, ahora en el poder, y de sus organizaciones, debe ser idónea para trastornar profundamente las funciones y resultados sociales que hasta aquí ha tenido la actividad humana en la historia. En este proceso debe predominar la tendencia a que cada vez más personas conozcan y dirijan efectivamente los procesos sociales, y sea real y eficaz la participación política de la población. Sin esas condiciones el proceso perdería su naturaleza, y sería imposible que culmine en socialismo y comunismo.

La transición socialista es un proceso de violentaciones sucesivas de las condiciones de la economía, la política, la ideología, lo más radical que le sea posible a la acción conciente y organizada, si ella es capaz de volverse cada vez más masiva y profunda. No se trata de una utopía para mañana mismo, sino de una larguísima transición. Su objetivo final debe servir de guía y de juez de la procedencia de cada táctica y cada política, dado que estas son las que especifican, concretan, sujetan a modos y etapas las situa-

ciones que afectan y mueven a los individuos, las instituciones y
sus relaciones. Por tanto, no basta con eficiencia o utilidad para
ser procedente: es obligatorio sujetarse a principios y a una ética
nueva, socialista. Sus etapas se identifican por el grado y profun-
didad en que se enfrentan las contradicciones centrales del nuevo
régimen, que son las existentes entre los vínculos de solidaridad y
el nuevo modo de producción y de vida, por un lado, y por otro las
relaciones de enfrentamiento, de mercado y de dominio.

La transición socialista debe partir hacia el comunismo desde el
primer día, aunque sus actores consuman sus vidas apenas en sus
primeras etapas. Se beneficia de un gran avance internacional: la
conciencia y las acciones que sus protagonistas consideran posibles
son superiores a las que podría generar la reproducción de la vida
social a escala del desarrollo existente en sus países. Es un grave
error esperar que el supuesto «desarrollo de una base técnico-
material», a un grado inciertamente cuantificable, permita «construir» el socialismo, y por tanto creer que el socialismo pueda ser
una locomotora económica que arrastre tras de sí a los vagones de
la sociedad. El socialismo es un cambio cultural.

Nacida de una parte de la población que es más consciente, y
ejercitada a través de un poder muy fuerte y centralizador en lo
material y lo ideal, la transición socialista comienza sustituyendo la
lucha viva de las clases por un poder que se ejerce sobre innumerables aspectos de la sociedad y de la vida, en nombre del pueblo.
Por tanto, su factibilidad y su éxito exigen complejas multiplica-
ciones de la participación y el poder del pueblo, que serán muy
diferentes y superiores a los logros previos en materia de democracia. Desatar una y otra vez las fuerzas reales y potenciales de las
mayorías es la función más alta de las vanguardias sociales, que
van preparando así su desaparición como tales. El predominio del
proyecto sobre el poder es la brújula de ese proceso de creaciones,
que debe ser capaz de revolucionar sucesivamente sus propias

relaciones e invenciones, a la vez que hace permanentes los cambios y los va convirtiendo en hábitos. Todo el proceso depende de hacer masivos la conciencia, la organización, el poder y la generación de cambios: el socialismo no puede crearse espontáneamente, ni puede donarse.

El concepto de transición socialista está más referido al movimiento histórico, mientras el de socialismo resulta más «fijo»; entiendo que eso le brinda indudables ventajas para el análisis teórico y para el acompañamiento a las experiencias. Además, el ámbito de la transición socialista abarca toda la época entre el capitalismo y el comunismo, por lo que facilita la recuperación de este último concepto. Socialismo es ciertamente una noción más inclusiva que comunismo, lo cual ha facilitado que pueda pensarse desde él un arco muy amplio de situaciones y posibilidades no capitalistas. Pero al ser su sentido verdadero la creación de una sociedad cuya base y despliegue son opuestos y diferentes al capitalismo, el socialismo necesita de la noción de comunismo, por dos razones. Una, la dimensión más trascendente, el objetivo —la utopía, incluso— de las ideas y los movimientos socialistas es el comunismo, una propuesta que no está atada a la coyuntura, la táctica, la estrategia de cada caso y momento, pero sirve para discernir actitudes y fijar el rumbo. La segunda, el referente comunista es útil para la recuperación de la memoria histórica de más de siglo y medio de ideas, sentimientos y acciones revolucionarias, y también lo es para pensar desde otro punto de partida ético y epistemológico los grandes temas de la transición socialista.

Dos concepciones del socialismo

Entre tantos problemas que porta el concepto de socialismo, he seleccionado solo algunos para esta exposición.

La vertiente interpretativa del marxismo originario que privilegió la determinación de los procesos sociales por la dimensión económica fue la más influyente a lo largo de las experiencias socialistas del siglo XX. Entre sus corolarios teóricos fueron centrales los de la «obligada correspondencia entre las fuerzas productivas y las relaciones de producción», la cuantificación «técnico-material» de las bases de la «construcción del socialismo» y la supuesta ley de «satisfacción creciente de las necesidades». La llamada Economía Política del Socialismo llegó a codificar en un verdadero catecismo estos y otros preceptos de mayor o menor generalidad. Pero el tema del desarrollo, que floreció y tuvo un gran auge en el tercer cuarto del siglo XX, replanteó la cuestión al pensar la relación entre socialismo y desarrollo desde la situación y los problemas de los países que se liberaban en el llamado Tercer Mundo.

Entre polémicas y aportes, se avanzó en el conocimiento del formidable obstáculo al desarrollo constituido por el sistema imperialista mundial, el neocolonialismo y el llamado subdesarrollo. En cuanto a la relación desarrollo-socialismo, la concepción que aplicaba los principios citados entendió que el primero debía preceder al segundo, es decir, que el desarrollo de la «base económica» sería la base del socialismo. Fidel Castro y Che Guevara estuvieron entre los opuestos a esas ideas, desde la experiencia cubana y como parte de una concepción de la revolución socialista que articulaba la lucha en cada país, la especificidad del Tercer Mundo y el carácter mundial e internacionalista del proceso. Guevara desarrolló un análisis crítico del socialismo de la URSS y su campo, y de su producción teórica, como parte de una posición teórica socialista basada en una filosofía marxista de la praxis, y en experiencias en curso.

Ha habido dos maneras diferentes de entender el socialismo en el mundo del siglo XX. Ellas han estado muy relacionadas entre sí, han solido reclamarse del mismo origen teórico, y no han sido excluyentes. Expongo, sin embargo, los rasgos principales que permiten afirmar que se trata de dos entidades distintas.

La primera es un socialismo que pretende cambiar totalmente el sistema de relaciones económicas, mediante la racionalización de los procesos de producción y de trabajo, la eliminación del lucro, el crecimiento sostenido de las riquezas y la satisfacción creciente de las necesidades de la población. Se propone eliminar el carácter contradictorio del progreso, cumplir el sentido de la historia, consumar la obra de la civilización y el ideal de la modernidad. Su material cultural previo han sido tres siglos de pensamiento avanzado europeo, que aportaron los conceptos, las ideas acerca de las instituciones guardianas de la libertad y la equidad, y la fuente de creencias cívicas de Occidente. Este socialismo propone consumar la promesa incumplida de la modernidad, introduciendo la justicia social y la armonía universal. Para lograrse, necesita un gran desarrollo económico y una gran liberación de los trabajadores, hasta el punto en que la economía deje de ser medida por el tiempo de trabajo. Bajo este socialismo la democracia sería puesta en práctica a un grado muy superior a lo logrado por el capitalismo, aun por sus proyectos más radicales. Libertades individuales completas, garantizadas, instituciones intermedias, contrapesos, control ciudadano, extinción progresiva de los poderes. En una palabra, toda la democracia y toda la propuesta comunista de una asociación de productores libres. Su presupuesto es que al capitalismo no le es posible racionalmente la realización de aquellos fines tan altos: solo el socialismo puede hacerlos realidad.

La otra manera de entender el socialismo ha sido la de conquistar en un país la liberación nacional y social, derrocando al poder establecido y creando un nuevo poder, ponerle fin al régimen de explotación capitalista y su sistema de propiedad, eliminar la opresión y abatir la miseria, y efectuar una gran redistribución de las riquezas y de la justicia. Sus prácticas tienen otros puntos de

partida. Sus logros fundamentales son el respeto a la integridad
y la dignidad humana, la obtención de alimentación, servicios de
salud y educación, empleo y demás condiciones de una calidad de
la vida decente para todos, y la implantación de la prioridad de
los derechos de las mayorías y de las premisas de la igualdad efec-
tiva de las personas, más allá de su ubicación social, género, raza
y edad. Garantiza su orden social y cierto grado de desarrollo económico y social mediante un poder muy fuerte y una organización
revolucionaria al servicio de la causa, honestidad administrativa,
centralización de los recursos y su asignación a los fines económicos y sociales seleccionados o urgentes, búsqueda de relaciones
económicas internacionales menos injustas, y planes de desarrollo.

Este socialismo debe recorrer un duro y largo camino en cuanto
a garantizar la satisfacción de necesidades básicas, la resistencia
eficaz frente a sus enemigos y a las agresiones y atractivos del
capitalismo, y enfrentar las graves insuficiencias emergentes del
llamado subdesarrollo y de los defectos de su propio régimen. Al
mismo tiempo que realiza todas esas tareas —y no después— debe
fundar instituciones y cultura democráticas, y un estado de derecho. En realidad está obligado a crear una nueva cultura diferente
y opuesta a la del capitalismo.

En el ambiente del primer socialismo se privilegia la significa-
ción burguesa del Estado, la nación y el nacionalismo: se les condena como instituciones de la dominación y la manipulación. En el
ambiente del segundo, la liberación nacional y la plena soberanía
tienen un peso crucial, porque la acción y el pensamiento socialistas han debido derrotar al binomio dominante nativo-extranjero,
liberar las relaciones y las subjetividades de sus colonizaciones, y
arrebatarle a la burguesía el control del nacionalismo y el patrio-
tismo. Para el segundo socialismo es vital combinar con éxito las
ansias de justicia social con las de libertad y autodeterminación
nacional. El poder del Estado le es indispensable, sus funciones

aumentan fuertemente y su imagen crece mucho, a veces hasta grados desmesurados. Las profundas diferencias existentes entre el socialismo elaborado en regiones del mundo desarrollado y el producido en el mundo que fue avasallado por la expansión mundial del capitalismo han conducido durante el siglo XX a grandes desaciertos teóricos y políticos, y a graves desencuentros prácticos.

La explotación del trabajo asalariado y la misión del proletariado tienen lugares prioritarios en la ideología del primer socialismo; para el segundo, lo central son las reivindicaciones de todos los oprimidos, explotados, marginados o humillados. Este es otro lugar de tensiones ideológicas, contradicciones y conflictos políticos entre las dos vertientes, en la comprensión del socialismo y en establecer sus campos de influencia, con una larga historia de confusiones, dogmatismos, adaptaciones e híbridos. Sin embargo, las construcciones intelectuales influidas por la centralidad de la explotación capitalista y de la actuación proletaria han contribuido sensiblemente a la asunción del necesario carácter anticapitalista de las luchas de las clases oprimidas en gran parte del mundo colonizado y neocolonizado. Pero para el segundo modo de socialismo, el cambio profundo de las vidas de las mayorías es lo fundamental, y no puede esperar, cualquiera que sea el criterio que se tenga sobre las estructuras sociales y los procedimientos utilizados para transformarlas, o los debates que con toda razón se produzcan acerca de los riesgos implicados en cada posición. Y esto es así, porque la fuerza de este tipo de revolución socialista no está en una racionalidad que se cumple, sino en potenciales humanos que se desatan.

La libertad social —pongo el acento en «social»— es priorizada en este socialismo, como una conquista obtenida por los propios participantes, más que las libertades individuales y la trama lograda de un estado de derecho. Es una libertad que se goza, o que le hace exigencias a su propio poder revolucionario en los planos sociales, y es la que genera mejores autovaloraciones y más expectativas ciudadanas. La legitimidad del poder está ligada a su origen revolucionario, a un gran pacto social de redistribución de las riquezas y las oportunidades que está en la base de la vida política, y a las capacidades que demuestre ese poder en campos diversos, como son encarnar el espíritu libertario que se ha dejado encuadrar por él, guiarse por la ética revolucionaria y por principios de equidad en el ejercicio del gobierno, mantener el rumbo y defender el proyecto.

El segundo modo de socialismo no puede despreciar el esfuerzo civilizatorio como un objetivo que sería inferior a su proyecto liberador. Debe proporcionar alimentación, ropa, zapatos, paz, empleo, atención de salud e instrucción a todos, pero enseguida todos quieren leer diarios, y hasta libros, y en cuanto se enteran de que existe el internet, quieren navegar en él. Se levantan formidables contradicciones ligadas íntimamente al propio desarrollo de esta sociedad. Cito solo algunas. La disciplina capitalista del trabajo es abominada mucho antes de que una cultura productiva y una alta conciencia del papel social del trabajo puedan sustituirla. La humanización del trabajo y el auge de la calificación de las mayorías no son respaldadas suficientemente por los niveles técnicos y tecnologías con que se cuenta. Los frutos del trabajo empleado, el tesón y sacrificios conscientes y el uso planeado de recursos pueden reducirse mucho por las inmensas desventajas del país en las relaciones económicas internacionales. Los individuos son impactados en sus subjetividades por un mundo de modernizaciones que cambian sus concepciones, necesidades y deseos, y están dedicados conscientemente a labores cuya retribución personal es más bien indirecta y de origen impersonal.

El sistema puede aparecer frente a ellos entonces como un poder externo, dispensador de beneficios y dueño del timón de la sociedad, que conduce con benévolo arbitrio. Porque la cultura «moderna» implica también individualismo exacerbado, y cada uno debe vivir en soledad la competencia, los premios o castigos, el interés y el afán de lucro, el éxito o el fracaso. La mundialización del incremento de las expectativas —entre otras tendencias homogeneizadoras sin bases reales suficientes, que no puedo tratar aquí— es muy rápida hoy, y suele constituir un arma de la guerra cultural mundial imperialista.

La transición socialista de los países pobres devela entonces lo que a primera vista parecería una paradoja: el socialismo que está a su alcance y el proyecto que pretende realizar están obligados a ir mucho más allá que el cumplimiento de los ideales de la razón y la modernidad, y de entrada deben moverse en otro terreno. Su camino exige negar que la nueva sociedad sea el resultado de la evolución del capitalismo, negar la ilusión de que la sola expropiación de los instrumentos del capitalismo permitirá construir una sociedad que lo «supere» y negarse a «cumplir etapas intermedias» supuestamente «anteriores» al socialismo. Es decir, a este socialismo le es ineludible trabajar por la creación de una nueva concepción de la vida y del mundo, al mismo tiempo que se empeña en cumplir con sus prácticas más inmediatas.

Necesidades y problemas actuales de la creación del socialismo

Y entonces aparece también otra cuestión principal. Del mismo modo que todas las revoluciones anticapitalistas triunfantes desde fines de los años 40 del siglo XX sucedieron en el llamado Tercer Mundo, es decir, fuera de los países con mayor desarrollo económico —sin hacer caso de la doctrina que postulaba lo contrario—, el socialismo factible no depende de la evolución progresiva del crecimiento de las fuerzas productivas, su «correspondencia con las relaciones de producción» y un desarrollo social que sea consecuencia del económico, sino de un cambio radical de perspectiva.

La transición socialista se enfrenta aquí a un doble enemigo. Uno es la persistencia de relaciones mercantiles a escala internacional y nacional, que tiende a perpetuar los papeles de las naciones y los individuos basados en el lucro, la ventaja, el egoísmo y el individualismo, y sus consensos sociales acerca de la economía, el dinero, el consumo y el poder. El otro es la insuficiencia de capacidades de las personas, relaciones e instituciones, resultante de la sociedad preexistente, para realizar las grandes y complejas tareas necesarias. El subdesarrollo tiende a producir un socialismo subdesarrollado; el mercantilismo, un socialismo mercantilizado. Las combinaciones de ambos son capaces de producir frutos peores. Es forzoso que en este tipo de transición socialista las «leyes de la economía» no sean determinantes; al contrario, la dimensión económica debe ser gobernada por el poder revolucionario, y este debe ser una conjunción de fuerzas sociales y políticas unificadas por un proyecto de liberación humana.

Es preciso calificar desde esa perspectiva los factores necesarios para emprender la transición socialista y avanzar en ella, y manejarlos de manera apropiada. Brindo ejemplos. Derribar los límites de lo posible resulta un factor fundamental, y que se torne un fenómeno masivo la confianza en que no existen límites para la acción transformadora consciente y organizada. Dentro de lo posible se consiguen modernizaciones, pero la transición que se conforma con ellas solo obtiene al final modernizaciones de la dominación y nuevas integraciones al capitalismo mundial. Los procesos educativos tampoco se pueden «corresponder» con el nivel de la economía: deben ser, precisamente, muy superiores a ella y muy creativos. Esta educación socialista no se propone formar individuos para obedecer a un sistema de dominación e interiorizar sus valores; al contrario, debe ser un territorio antiautoritario a la vez que un vehículo de asunción de capacidades y de concientización, una educación que está obligada a ser superior a las condiciones de reproducción de la sociedad, precisamente porque debe ser creadora de nuevas fuerzas para avanzar más lejos en el proceso de liberación.

Sintetizo preguntas sobre cuestiones principales: ¿el desarrollo económico es un presupuesto del socialismo, o el socialismo es un presupuesto de lo que hasta ahora hemos llamado desarrollo económico? ¿Qué objetivos puede y debe tener realmente la «economía» de los regímenes de transición socialista? ¿Qué crítica socialista del desarrollo económico es necesaria en este siglo XXI? ¿Cómo puede ser manejada con efectividad la conflictividad de las relaciones con los recursos y el medio natural por una posición ambientalista socialista? En otro campo de preguntas: ¿a través de la profundización de la democracia se marcha hacia el socialismo, o a través del crecimiento del socialismo se marcha hacia la profundización de la democracia? ¿Cómo pasar de la dictadura revolucionaria que abre caminos a la liberación humana, a formas cada vez más democráticas que con sus nuevos contenidos y procedimientos aseguren la preservación, continuidad y profundización de aquellos caminos? ¿Cómo evitar que el subdesarrollo, las relaciones mercantiles, el burocratismo, los enemigos externos, tejan la red en la cual el proceso sea atrapado y desmontado? ¿Cómo lograr y asegurar que la transición socialista incluya sucesivas revoluciones en la revolución?

No quisiera terminar sin expresar mi posición, a la vez que reconocer la difícil situación en que se encuentra el ideal socialista, y por tanto su concepto, en la coyuntura actual. La palabra socialismo se utiliza poco, incluso en medios sociales avanzados; algunos prefieren aludir a su contenido sin mencionarla expresamente, sobre todo cuando quieren ser persuasivos. Una pregunta pertinente es: ¿qué tiene que ver hoy el socialismo con nosotros? Opino que la única alternativa práctica al capitalismo realmente existente es el socialismo, y no la desaparición o el «mejoramiento» de lo que llaman globalización, que suele ser una vaga referencia al grado en que el capitalismo transnacional y de dinero parasitario ejerce su dominación en el mundo contemporáneo. Tampoco considero una alternativa suficiente el fin del neoliberalismo, palabra que hoy sirve para describir determinadas políticas y la principal forma ideológica que adopta el gran capitalismo. Esos conceptos no son inocentes, el lenguaje nunca lo es. Cuando se acepta que «la globalización es inevitable» se está ayudando a escamotear la conciencia de las formas actuales de la explotación y la dominación imperialista, es decir, el punto a que ha llegado en su larga historia de mundializaciones, en una gama de modalidades que va del pillaje abierto a los dominios sutiles. A la vez, se da categoría de fenómeno natural a una despiadada forma histórica de aplastar a las mayorías, como si se tratara del clima.

En su guerra cultural mundial, el capitalismo intenta imponerle a todos —incluidos sus críticos— un lenguaje que condena a los pensamientos posibles a permanecer bajo su dominación. El rechazo al neoliberalismo expresa un avance muy importante de la conciencia social, y puede ser una instancia unificadora para acciones sociales y políticas. Pero el capitalismo es mucho más abarcador que el neoliberalismo; incluye todas las ventajas «no liberales» que obtiene de su sistema de expoliación y opresión económica, sus poderes sobre el Estado, la política, la información y la formación de opinión pública, la escuela, el neocolonialismo, sus instrumentos internacionales, su legalidad y su terrorismo, la corrupción y la «lucha» contra ella, etc. Es por su propia naturaleza que este sistema resulta funesto para la mayoría de la población del planeta y para el planeta mismo, y no por sus supuestas aberraciones, una malformación que puede ser extirpada o un error que pueda enmendarse.

El capitalismo ha llegado a un momento de su desarrollo en que ha desplegado todas sus capacidades con un alcance mundial, pero su esencia sigue siendo la obtención de su ganancia y el afán de lucro, la dominación, explotación, opresión, marginalización o exclusión de la mayoría de las personas, la conversión de todo en mercancía, la depredación del medio, la guerra y todas las formas de violencia que le sirven para imponerse, o para dividir y contraponer a los dominados entre sí. Lo más grave es el carácter parasitario de su tipo de expansión, centralización y dominación económica actual, y el dominio de Estados Unidos sobre el sistema. Ellos están cerrando las oportunidades a la competencia y la iniciativa que eran inherentes al capitalismo, a su capacidad de emplear a las personas; están vaciando de contenido su democracia y liquidando su propio neocolonialismo. Le cierran las oportunidades de satisfacer sus necesidades básicas a más de la cuarta parte de la población mundial, y a la mayoría de los países el ejercicio de su soberanía plena, de vida económica y social propia y de proyectos nacionales.

Es cierto que en la etapa reciente las luchas populares han sufrido numerosos descalabros en el mundo, y el capitalismo ha parecido más poderoso que nunca, aunque en realidad porta grandes debilidades y está acumulando elementos en su contra. El mayor potencial adverso a la dominación es la enorme cultura acumulada de experiencias de contiendas sociales y políticas —y de avances obtenidos por la Humanidad—, cultura de resistencias y rebeldías que fomenta identidades, ideas y conciencia, y deja planteadas inconformidades y exigencias formidables y urgentes. Todo eso favorece la opción de sentir, necesitar, pensar y luchar por avances y creaciones nuevas. Los principales enemigos internos de las experiencias fallidas de transición socialista han sido la incapacidad de ir formando campos culturales propios, diferentes, opuestos y superiores a la cultura del capitalismo —y no solamente opuestos—, y la recaída progresiva de esas experiencias en modos capitalistas de reproducción de la vida social y la dominación. Mientras, el sistema desplegó su paradoja: lograr un colosal y muy cautivador dominio cultural, y al mismo tiempo ser cada vez más centralizado y más excluyente, producir monstruosidades y monstruos, ahogar sus propios ideales en un mar de sangre y lodo, y perder su capacidad de promesa, que fue tan atractiva. Por eso trata hoy de consumar el escamoteo de todo ideal y toda trascendencia, y reducir los tiempos al presente, sin pasado ni futuro, para impedirnos recuperar la memoria y formular los nuevos proyectos, esas dos poderosas armas nuestras.

Solo podrá salvar a la humanidad la eliminación de ese poder, y un trabajo creador, abarcador y muy prolongado contra la pervivencia de su naturaleza. La única propuesta capaz de impulsar tareas tan ineludibles y prodigiosas es el socialismo.

Pero esta afirmación del socialismo es una postulación, que debe enfrentarse a un fuerte grupo de preguntas y desafíos. El socialismo, ¿es una opción realizable, es viable? ¿Puede vivir y persistir en países o regiones del mundo, sin controlar los centros económicos del mundo? ¿Es un régimen político y de propiedad, y una forma de distribución de riquezas, o está obligado a desarrollar una nueva cultura, diferente, opuesta y más humana que la cultura del capitalismo? Por su historia, ¿no está incluido también el socialismo en el fracaso de las ideas y las prácticas «modernas» que se propusieron perfeccionar a las sociedades y las personas? No hay que olvidar ni disimular ninguno de esos desafíos, precisamente para darle un suelo firme a la idea socialista, sacar provecho a sus experiencias y tener más posibilidades de realizarla.

La Habana, marzo de 2005

El marxismo revolucionario
en la historia del socialismo

Néstor Kohan

Sean siempre capaces de sentir en lo más hondo cualquier
injusticia cometida contra cualquiera en cualquier parte
del mundo.

Che Guevara

Necesidad impostergable de una alternativa

Una especie está en peligro de extinción: ¡la especie humana! El depredador se llama capitalismo. Cruel y senil, este asesino lleva cinco siglos infatigables de perversa faena. Antes de culminar su agonía y morir de una buena vez, pretende arrastrar a su tumba a toda la humanidad. No se trata de un individuo particular, sino de todo un sistema, un conjunto de relaciones sociales frías, anónimas y burocráticas en el seno de las cuales las personas son solo medio de lucro, ganancia y acumulación.

Según un informe reciente de las Naciones Unidas, la fortuna de los 358 individuos más ricos del planeta es superior a las entradas anuales sumadas del 45% de los habitantes más pobres de la Tierra. Según ese mismo informe, más de ochocientos millones de seres humanos padecen hambre y alrededor de quinientos millones de individuos sufren de malnutrición crónica. La injusticia nos rodea en cada esquina del barrio, de la ciudad, del país, del mundo.

¿Siempre fue así? ¿Es inevitable esta injusticia? ¿Debemos aceptar, pasivos y sumisos, este brutal sistema de dominación? Quienes aspiramos a instaurar la justicia en la Tierra y a terminar con toda explotación y dominación creemos que la sociedad se puede cambiar y que otro mundo es posible. No so lo es posible: ¡es necesario e imprescindible! Frente al reino de muerte, burocracia, mercado, dominación y explotación existe una alternativa viable, realista y al mismo tiempo impostergable: el socialismo. Enfrentando día a día esta opinión, los poderosos medios de (in)comunicación contemporáneos, auténticos monopolios de alcance mundial, y los empresarios que los manejan, no se cansan de batallar contra las ideas socialistas de justicia, emancipación, dignidad e igualdad.

Uno de los lugares comunes más habituales utilizados contra el socialismo es que este sería *contrario a la naturaleza humana*. El mundo actual sería el único posible. La desigualdad sería *innata* a nuestra especie. Siempre habrían existido ricos y pobres, dominadores y dominados y… ¡siempre existirán! La injusticia, las jerarquías, el poder y la dominación estarían dentro del corazón de las personas… por lo tanto —concluyen en su propaganda malintencionada—, serían inmodificables.

Sin embargo, la antropología, la arqueología, el estudio de la prehistoria, la etnología y algunas otras ciencias sociales demuestran que este lugar común de la propaganda mediática no es verdad. Los seres humanos hemos vivido durante varias decenas de miles de años sin propiedad privada sobre los medios de producción, sin economía de mercado, sin ejército ni sociedad dividida en clases. El *homo sapiens* no nació históricamente con la bolsa de valores, la tarjeta de crédito y la policía bajo el brazo.

La génesis de las primeras rebeldías

Aquellos que defienden la supuesta *eternidad* de la desigualdad social esconden o desconocen que esta ha sido rechazada en forma vehemente por los oprimidos. Ese rechazo tiene por lo menos cinco mil años de historia comprobada. Provino de dos instancias determinadas:

a) *Las revueltas, las rebeliones y los levantamientos prácticos de los oprimidos* a lo largo de la historia:

- Los levantamientos y protestas de campesinos en el Egipto de los faraones.

- Las insurrecciones de los esclavos en Grecia y Roma antiguas (la más famosa fue la encabezada por Espartaco en el primer siglo de nuestra era).

- Las rebeliones campesinas en la India y principalmente en la China clásica (algunas triunfaron, dando origen a nuevas dinastías imperiales).

- Las revueltas campesinas de Japón (entre 1603 y 1863 ocurrieron más de mil cien levantamientos).

- Las protestas campesinas en la Rusia zarista (el levantamiento más conocido es el de Pougatchev, en Ucrania, en el siglo XVII).

- Las rebeliones indígenas en América del Sur (la más extendida y célebre —pero no la única— fue encabezada en 1780 por José Gabriel Condorcanqui, también conocido como Tupac Amaru).

- La insurrección victoriosa de los esclavos —los *jacobinos negros*— en Haití a fines del siglo XVIII, encabezados por Toussaint Louverture (François-Dominique Toussaint [1743-1803]).

- La rebelión de los esclavos negros en América del Norte en el siglo XIX (principalmente la dirigida en 1831 por Nat Turner).

- Las revueltas campesinas (conocidas como *jacqueries*) y las rebeliones de artesanos y aprendices (entre el siglo XIII y el XVI) en Europa occidental.

b) *Los gritos de protesta, los relatos ideológicos y las concepciones utópicas* que acompañan invariablemente estos levantamientos, apoyándose siempre en la memoria —o la imaginación— de una sociedad más igualitaria y más justa. No es casual que la leyenda de una *Edad de oro* sea un tema repetido en muchos pueblos rebeldes e insurrectos. En todos ellos se re pite la misma maldición contra la opresión, los gritos y las condenas enardecidas contra la explotación de un sector de la sociedad por otro, el mismo sueño y la misma fantasía de una sociedad superior donde queden abolidas para siempre todas esas injusticias, explotaciones, jerarquías y dominaciones.

En las luchas de emancipación y en los relatos que las legitiman, la aspiración a un futuro digno y justo viene acompañada, por lo general, de cierta lectura del pasado. No hay rebeldía al margen de la historia. La identidad de quienes se rebelan se construye, precisamente, en el campo de la historia, en el estrecho lazo que teje el pasado, el presente y el futuro.

Por ejemplo, encontramos estos relatos ideológicos y núcleos utópicos en:

- Los profetas hebreos y las sectas judías radicales (que anuncian un reino milenario de igualdad, felicidad y justicia mesiánica, opuesto a todo culto del fetiche, de los ídolos, del comercio y del dinero).

- Los padres originarios de la Iglesia cristiana (la expresión «la propiedad es un robo», por ejemplo, habitualmente atribuida al obrero anarquista francés Pierre-Joseph Proudhon [1809-1865], proviene en realidad del obispo de Bizancio Juan Crisóstomo [aprox. 347-407]).

- Los donatistas de África del Norte (que siguen las doctrinas de Donato, cismático de la Iglesia del siglo IV y partidario de la comunidad de bienes).

- Los masdeístas de Irán (grupo de origen maniqueo, de los siglos V y VI de nuestra era, propulsor de la división comunitaria de los bienes y propiedades).

- Los husitas en Bohemia y los anabaptistas de Alemania durante las guerras de religión de los siglos XV y XVI preconizaban —como la rama taborista— la comuna igualitaria basada en la propiedad colectiva de los bienes. Tomás Münzer (aprox. 1493-1525), uno de sus máximos líderes, fue torturado y decapitado.

El socialismo del siglo XXI, el nuevo socialismo, es el heredero contemporáneo de ese antiquísimo reclamo de emancipación radical. Retoma y reactualiza ambas tradiciones entrecruzadas y entrelazadas. Tanto la de los levantamientos y rebeliones prácticas de diversos pueblos insurrectos a lo largo de la historia (en su gran mayoría vencidos cruelmente por los poderosos del momento) como la de sus anhelos, relatos, fantasías, imaginaciones y concepciones utópicas (la mayor parte de las veces de índole religiosa) que acompañaron e impulsaron esos levantamientos.

Los precursores utópicos

A medida que transcurría el tiempo y la historia, las primeras *concepciones utópicas* se fueron sedimentando, generando *modelos sistemáticos de reorganización de la sociedad futura* fundados sobre la propiedad común y colectiva. (En griego *topos* significa lugar, *utopía* sería aquello que no tiene lugar.)

Entre aquellos modelos utópicos, casi siempre condensados en una obra literaria, los principales han sido:

- *La república* del filósofo griego Platón (428-348 a.n.e.).

- *Utopía* del canciller inglés Tomás Moro (1477-1535).

- *La ciudad del sol* del pensador italiano Tomás Campanella (1568-1639).

- *La comunidad de Oceanía* de James Harrington (1611-1677).

- La *Nueva ley de justicia* de Gerrard Winstanley (1609-1676), inspirador en 1649 del movimiento de *los auténticos igualadores* durante la revolución burguesa del siglo XVII.

- *Las aventuras de Telémaco* del escritor francés François Fénelon (1651-1715).

- *El Testamento* de Jean Meslier (1664-1729).

- *El código de la naturaleza*, inicialmente atribuido al enciclopedista Denis Diderot (1713-1784), pero en realidad perteneciente al filósofo Morelly (siglo XVIII, sin datos).

- El *Manifiesto de los plebeyos* de François-Noël *Gracchus* Babeuf, (conocido como *Graco* Babeuf, 1760-1797).

Junto a Morelly y Babeuf habría que agregar al filósofo e historiador francés Gabriel Mably (1709-1785). A partir de estos tres últimos representantes del siglo XVIII, los pensadores utópicos cambian de actitud. Dejan de preocuparse únicamente por describir con pluma y papel una sociedad del futuro, justa e igualitaria, donde se plantea la propiedad basada en la comunidad y en el colectivismo. A partir de ahí florecen los intentos por alcanzar cierta mínima dosis de realismo inserto en la actividad práctica.

La transición entre las utopías de un siglo y otro está marcada por el primer ensayo comunista moderno de realizar el socialismo no solo en el cielo etéreo de las ideas sino también en el terreno tangible de la sociedad. Ese primer intento corresponde a *Graco* Babeuf, republicano y comunista partícipe de la revolución francesa de 1789. Babeuf no solo expone en 1795 su modelo de nueva sociedad sino que, además, encabeza la *conspiración de los iguales* contra el ala más reaccionaria —el llamado Directorio— del proceso político francés de aquellos años. Babeuf, mucho antes de que naciera Carlos Marx, constituye uno de los precursores de la izquierda revolucionaria contemporánea. No casualmente se le ha emparentado con Marx y con Blanqui, con la primera fase de los populistas rusos y con Lenin, con los partisanos italianos, con Ho Chi Minh, con el Che Guevara, con Fidel Castro y con Santucho. Una tradición específica al interior del socialismo que no se resigna a las bellas ideas sino que prioriza en primer plano la lucha frontal contra el poder institucional del Estado burgués, su ejercicio despiadado de la fuerza material y sus aparatos de dominación. Babeuf es uno de los iniciadores de esta extensa y diseminada familia radical.

Su insurrección armada resulta delatada por un doble agente y brutalmente reprimida en 1796. En 1797, luego de su suicidio, el cuerpo sin vida de Babeuf lo decapitan en la guillotina. De este modo se cierra un siglo que anunció la luz de la razón pero terminó reprimiendo a aquellos que se tomaron en serio ese mensaje de emancipación: los igualitaristas de Babeuf, en Europa, y los negros haitianos insurrectos, en nuestra América.

La nueva etapa histórica que se abre con el siglo XIX encuentra al pensamiento utópico en su máxima encrucijada. Hijo del matrimonio entre la revolución industrial (desarrollada con la máquina de vapor en Inglaterra a fines del siglo XVIII) y la revolución política que derroca a la monarquía (encabezada por la burguesía francesa en 1789), el siglo XIX es el siglo de la modernidad y de la expansión, violenta y sin límites, del capitalismo.

El capitalismo es un tipo de sociedad mercantil y burocrática en la que predomina la cantidad sobre la cualidad; las mercancías y el capital sobre las personas; el mercado y el intercambio sobre la razón y el amor; el frío interés material sobre la ética y los valores; el cálculo despersonalizado de ganancias y pérdidas sobre la amistad y el fetiche del dinero sobre los seres humanos.

El capitalismo rompe todos los prejuicios y sentimentalismos de la sociedad medieval y los reduce a una sola fórmula: la del DEBE y el HABER. Como sistema, el capitalismo se impone sobre los empresarios individuales. La lógica de la acumulación del capital (basado en la explotación del trabajo ajeno mediante la extracción de plusvalor y la explotación de la fuerza de trabajo) es independiente de la bondad o maldad de cada patrón individual. La lógica del sistema se impone a sangre y fuego, no solo sobre las clases sojuzgadas, oprimidas, expropiadas y explotadas sino también sobre cada uno de los empresarios capitalistas. Burgués que no se subordine a esta lógica de acero es burgués que va a la quiebra.

En ese difícil contexto social, no cabe un lugar para los sueños de un futuro justo e igualitario ni para las fantasías de liberación radical. El único sueño permitido, la única ilusión, es la del éxito personal y la del ascenso social logrado a expensas de los demás. La competencia feroz y despiadada se convierte en el hada madrina de este nuevo tipo de sociedad que todo lo fagocita y lo incorpora. «El hombre se convierte», en palabras de filósofo inglés Thomas Hobbes, «en un lobo para el hombre».

Consolidación del socialismo utópico

No obstante, contra todo lo que podría esperarse, el milenario anhelo de fraternidad, libertad e igualdad —promesas incumplidas por la revolución burguesa de 1789— no se borra ni desaparece en el siglo de consolidación del capital. Al contrario: cuanto más se expande el capitalismo, tanto más cobra fuerza la protesta y el reclamo por vivir de otra manera. Las añejas ensoñaciones utópicas renacen, con más vigor aún que en el siglo XVIII, en la pluma socialista de:

- Claude-Henry de Rouvroy, conde de Saint-Simon (1760-1825).

- Robert Owen (1771-1858).

- François-Marie-Charles Fourier (1772-1837).

Contrariamente a lo que podría suponerse, estos pensadores que comienzan a elaborar ideas socialistas durante la primera mitad del siglo XIX no son homogéneos entre sí.

Si bien Saint-Simon fue en el siglo XIX uno de los propulsores en Francia de este movimiento práctico que tuvo muchísimos adeptos, no es unívoca su filiación ideológica. Algunos historiadores —Federico Engels, por ejemplo— lo sitúan como precursor del socialismo. Otros, en cambio —Ernest Mandel— lo identifican como ideólogo de la naciente burguesía industrial. Algunos más —Herbert Marcuse—, como primer teórico de la corriente ideológica positivista (que se caracteriza por rechazar el socialismo y la filosofía, en nombre del «orden» y el «progreso», lemas de Augusto Comte, discípulo de Saint-Simon). A mitad de camino de todos ellos, el historiador G.D.H. Cole plantea que Saint-Simon fue las tres cosas al mismo tiempo.

La discrepancia y ambigüedad de tales juicios sobre el saint-simonismo proviene de la confusa defensa del trabajo industrial (por oposición a *los ociosos*), que realizó Saint-Simon en sus *Cartas ginebrinas*. Allí el autor, mientras fustiga a los nobles ociosos, jamás identifica ninguna diferencia entre los obreros fabriles y sus patronos, los empresarios de la industria.

Lo cierto es que, más allá de estas ambigüedades, Saint-Simon dejó una máxima que el pensamiento socialista hizo suya en su historia posterior: «todos los seres humanos deben trabajar».

¿El futuro al alcance de las buenas intenciones?

Por su parte, Robert Owen se caracterizó por un profundo sentimiento de rechazo del sufrimiento obrero en Gran Bretaña (cuna de la revolución industrial). Él mismo era un joven industrial de tan solo veintinueve años que dirigía una empresa en Manchester con más de quinientos obreros. Allí intentó empezar a aplicar concretamente su teoría. Más tarde, en New Lanark (Escocia), entre 1800 y 1829, regenteó una fábrica de hilados de algodón con más de dos mil quinientos trabajadores. Aunque estableció un régimen de trabajo mucho menos expoliador que el de otras fábricas de la época, y envió sistemáticamente a la escuela a los hijos de todos los obreros (incluso les siguió pagando el sueldo a todos ellos durante los cuatro meses que la fábrica tuvo que cerrar por una crisis de algodón), Owen no se sintió satisfecho. «Aquellos hombres eran mis esclavos», confesó amargamente en su balance.

A partir de 1823 ya no solo defendió la legislación social, sino que promovió también la fundación de colonias comunistas en América para los obreros de Irlanda. El tipo de organización imaginada por Owen incluía desde el presupuesto completo de gastos de establecimiento y desembolsos anuales hasta los ingresos probables de tales colonias comunistas. No se quedó solo en el sueño. Intentó realizarlas invirtiendo (y perdiendo...) toda su fortuna. Para explicar la oposición oficial a tales experimentos reformadores, Owen identificó tres grandes instituciones a remover: la propiedad privada, la religión y la forma actual del matrimonio.

Además, Owen presidió el primer congreso donde se creó la centralización de los sindicatos ingleses en una única confederación nacional. Eso no le alcanzó. También sugirió la creación de cooperativas obreras de producción, la primera de las cuales se fundó en Rochester en 1839. Owen ha sido recordado como el padre del movimiento cooperativista.

Cuando abandonó definitivamente la filantropía para pasar al comunismo, Owen perdió la simpatía que gozaba entre las clases adineradas de Europa. De allí en adelante, se ganó el odio inflexible de toda la sociedad oficial de aquel momento y de su gran prensa.

Socialismo, falansterio y feminismo

A su turno, Charles Fourier, pequeño comerciante francés, fue uno de los grandes impugnadores de la sociedad burguesa y de la división social del trabajo entre la agricultura y la industria (entre la ciudad y el campo). Él identificó a la sociedad mercantil y a la economía monetaria como la fuente principal de la venalidad y la corrupción universal.

A diferencia de lo que sucede con Saint-Simon, no cabe duda de que Fourier debe ser considerado uno de los precursores inequívocos del socialismo. Como tal, también debe figurar como uno de los críticos más lúcidos de la sociedad patriarcal ya que es uno de los primeros que proclama que el grado de emancipación de la mujer en una sociedad es el barómetro por el cual debe medirse la emancipación general de los seres humanos.

De forma diferente a las corrientes más entusiastas de la economía política que veían en la consolidación europea del capitalismo un porvenir luminoso de bienestar general para todos, Fourier señala que «en la civilización, la pobreza brota de la misma abundancia».

Cuando compara las promesas incumplidas de los enciclopedistas (que iluminaron con su luz racionalista y su optimismo desenfrenado el siglo XVIII) con la miseria y opresión capitalistas del siglo XIX, Fourier se convierte en un crítico mordaz. No solo en un crítico sino también en un satírico.

Para remediar ese malestar general provocado por la propiedad privada y el capitalismo, Fourier imagina un remedio: el falansterio. Este consiste en el proyecto de una colectividad de productores y consumidores (donde todos trabajan y consumen) de mil a dos mil personas, en la cual todo el mundo se convierte en agricultor, artesano y artista.

A Saint-Simon, Owen y Fourier, habría que agregar otros dos socialistas utópicos que, aunque no tuvieron igual peso, de todas formas son relevantes para comprender el origen de este movimiento: Étienne Cabet (1788-1856) y Flora Célestine Thérèse Tristan (1803-1844).

Cabet fue el primero de todos estos pensadores que utilizó el término *comunista* para designar a su ideario. Su principal libro *Viaje a Icaria*, una isla imaginaria donde existía una economía planificada y sin mercado, fue leída por millares de trabajadores (el mismo Cabet, quizás exagerando, solía decir que contaba con doscientos mil seguidores).

Flora Tristan era una trabajadora francesa que defendió en *La Unión Obrera* la creación de *palacios obreros* en todas las ciudades. En ellos sería realizada la igualdad más absoluta entre los dos sexos. Ambos recibirían una educación común. En esta obra, por primera vez se plantea la necesidad de una organización internacional de trabajadores de carácter mundial.

Tristan fue una crítica radical del modo de existencia de las mujeres de su época y del matrimonio. En su obra *Paseos en Londres* describió a las mujeres como «las proletarias de los propios proletarios». Flora sostenía que había que trabajar a favor de la emancipación de las mujeres y, a la vez, de toda la clase trabajadora. A diferencia de cierto feminismo burgués, liberal y posmoderno de nuestros días, Flora conjugaba al mismo tiempo el verbo feminista y la lengua proletaria del socialismo. No casualmente Marx asumió con entusiasmo la defensa de su feminismo contra sus críticos.

Nacimiento del marxismo

A partir del pasaje del socialismo utópico a la filosofía de la praxis y a la concepción materialista de la historia que el marxismo trajo consigo, se produce un salto cualitativo en el socialismo moderno.

Con los pensadores alemanes Carlos Marx (1818-1883) y su compañero y amigo Federico Engels (1820-1895), la teoría socialista abandona definitivamente todo rastro especulativo y todo proyecto imaginario del futuro para intentar vincularse políticamente con las clases trabajadoras de las sociedades capitalistas de masas.

Si bien los socialistas utópicos (desde Saint-Simon y Fourier hasta Owen y Flora Tristan) no eran simples *soñadores*, es recién con el pensamiento de Marx y Engels que el socialismo deja de ser una secta más —en este caso reformadora de la sociedad— para convertirse en un protagonista central de la política contemporánea, desde hace dos siglos y hasta hoy en día.

Haciendo un balance de conjunto y refiriéndose a todos los socialistas anteriores, a sus imágenes futuristas y sus proyectos utópicos, Engels señaló: «El socialismo es, para todos ellos, la expresión de la verdad absoluta, de la razón y de la justicia, y basta con descubrirlo para que por su propia virtud conquiste el mundo».

La tradición de pensamiento que fundan Marx y Engels forma parte medular de la historia del socialismo, aunque a la hora de bautizar en 1848 la difusión de sus principios fundacionales ambos hayan optado por el título *Manifiesto Comunista*.

El nombre de *socialismo* era utilizado —especialmente en Francia a partir de 1830— para designar en términos generales a las ideas y a los partidarios de Babeuf, a los owenianos, a los fourieristas y los saint-simonianos. Todos ellos, muchas veces sin hacer distinciones entre unos y otros, eran considerados *socialistas* porque hacían resaltar *la cuestión social*.

Comunismo fue otra palabra que empezó a utilizarse en Francia durante la agitación social que siguió a la revolución de 1830 (que derrocó a la monarquía borbónica para reemplazarla por la orleanista). No se sabe exactamente cuando surgió, pero se utiliza por primera vez en relación con algunas de las sociedades revolucionarias secretas de París durante la década de 1830. Pasó a ser de uso corriente hacia 1840 para designar las teorías de Étienne Cabet. Tal como la utilizaban los franceses, evocaba la idea de la *commune*, o sea la unidad básica de la vecindad y el gobierno autónomo, e indicaba una forma de organización social basada en una federación de *comunas libres*. Pero al mismo tiempo sugería la noción de *communauté*, es decir, la tenencia y la propiedad en común de las cosas.

Bajo el segundo aspecto lo utilizaba Cabet. Bajo el primer aspecto el término se relacionaba con los clubes clandestinos radicales y, por medio de ellos, pasó a ser empleado en el nombre de la Liga Comunista de 1847 y en el del *Manifiesto Comunista* de 1848 de Marx y Engels.

Aunque el término *comunismo* (utilizado en Inglaterra a partir de 1840) contaba con una referencia semántica sumamente próxima a la de *socialismo*, tenía un aroma más militante, radical y clandestino. Por ello la prefirieron Marx y Engels al designar su manifiesto. Querían asustar a la burguesía y lo lograron.

A la idea de *socialismo*, con toda la crítica al capitalismo y a la de igualdad que este implicaba, el término *comunismo* le agregaba la noción de enfrentamiento y lucha revolucionaria para acabar con él. Además tenía en su mismo nombre una conexión más próxima con la idea de propiedad y goce comunes. (No es casual que un siglo y medio después de su primer empleo por Marx y Engels, en América Latina, el nombre de *comunismo* sigue asociado por todas las derechas y los militares con los de *subversión* y *terrorismo*, los grandes demonios y fantasmas que quitan el sueño a los burgueses y millonarios.)

¿Hermandad o lucha de clases sociales?

Si el socialismo anterior a Marx pensaba que «Todos los seres humanos son hermanos», a partir de aquel momento el énfasis del socialismo pasa a depositarse en la solidaridad de clase. En otras palabras: contrariamente a lo que pensaba Saint-Simon y sus colegas, los trabajadores y los empresarios, los obreros y sus patronos, no son *hermanos*. El concepto saint-simoniano de *trabajo industrial* resulta ya demasiado vago e indeterminado. En lugar de explicar, encubre la realidad. Entre obreros y patronos existe un conflicto, hay lucha. No una lucha en términos individuales o personales, sino una lucha social de fuerza y de poder entre las clases sociales. Las relaciones sociales del capitalismo (valor, dinero, capital, etc.) son relaciones sociales de producción, pero al mismo tiempo constituyen relaciones sociales de fuerza y de poder entre las clases sociales.

Respondiendo a esta nueva idea, uno de los tramos iniciales del *Manifiesto Comunista* comienza sosteniendo:

> Toda la historia de la sociedad humana, hasta la actualidad, es una historia de luchas de clases. Libres y esclavos, patricios y plebeyos, señores y siervos de la gleba, maestros y oficiales; en una palabra, opresores y oprimidos, frente a frente siempre, empeñados en una lucha ininterrumpida, velada unas veces, y otras franca y abierta.

En lugar de dirigirse al corazón del ser humano, a la bondad, a la lástima, a los buenos sentimientos, a la compasión, a la colaboración bienintencionada, a la filantropía y a la fraternidad universal de todas las clases, este texto trascendente culmina reclamando «¡Proletarios de todos los países, uníos!» A partir de entonces se abre una nueva época en la historia del socialismo, en la historia de las concepciones sociales del mundo y en la historia política de la humanidad.

A diferencia de lo que sostuvieron erróneamente Carlos Johann Kautsky (1854-1938) o Louis Althusser (1918-1990), Marx y Engels no inoculan sus ideas *desde afuera* al movimiento obrero. Publican sus manifiestos y documentos en un estrecho vínculo con el sector más radical de los obreros europeos políticamente organizados. Son ellos los que le exigen a Marx que escriba el *Manifiesto*. Por ejemplo, en una carta del 24 de enero de 1848, le dicen:

> El comité central [de la Liga de los comunistas], por la presente, encarga al comité regional de Bruselas que comunique al ciudadano Marx que, si el manifiesto del partido comunista, del cual asumió la redacción en el último congreso, no ha llegado a Londres el 1ro. de febrero del año actual [1848], se tomarán las medidas pertinentes contra él. En el caso de que el ciudadano Marx no cumpliera su trabajo, el comité central solicitará la inmediata devolución de los documentos puestos a disposición de Marx.
>
> La carta la firmaban un zapatero, un relojero y un viejo militante comunista…

Marx no desciende de una supuesta torre de marfil para brindar sus conocimientos a los trabajadores. Por el contrario, elabora sus reflexiones y programas en diálogo e intercambio permanente con aquellos.

La gran síntesis de Marx

Pero Marx y Engels no agotan su obra dialogando únicamente con los trabajadores. Al mismo tiempo, entablan una polémica permanente y una recuperación crítica de los saberes universitarios de su época. Ambos entrecruzan y dialogan con tres grandes constelaciones de saberes:

- la filosofía clásica alemana (principalmente la obra de Georg Wilhelm Friedrich Hegel [1770-1831]) y su método dialéctico.

- la historiografía sociológica francesa (fundamentalmente Augustin Thierry [1795-1856], François Auguste Mignet [1796-1884], François Guizot [1787-1874] y Thiers [1797-1877]).

- la economía política británica (sobre todo la obra de Adam Smith [1723-1790] y la de David Ricardo [1772-1823]

A estas «tres fuentes y partes integrantes del marxismo» —como las denominó V.I. Lenin— habría que agregar otros dos afluentes, muchas veces olvidados en los manuales de historia del socialismo. Esa fuente adicional de inspiración, que nutre la obra de Marx, está constituida por la literatura:

- El teatro isabelino de William Shakespeare (1564-1616). Marx era un admirador fanático, al punto de emplear muchos de sus giros para designar al comunismo como «un fantasma» (comienzo del *Manifiesto Comunista*) y a la revolución como «un viejo topo» (final de *El 18 brumario de Luis Bonaparte*). Ambas expresiones —hoy célebres— corresponden al *Hamlet* de Shakespeare...

- La literatura romántica alemana de Federico Schiller (1759-1805) y sobre todo el *Fausto* de Johann Wolfgang von Goethe (1749-1832). Marx adopta de Goethe, incluso antes de leer a Hegel, la necesidad de una concepción totalizadora del mundo centrada en la acción y en la praxis. Fundamentalmente, queda conmocionado por aquel pasaje del *Fausto* donde Goethe retraduce al alemán la *Biblia* de la siguiente manera: «En el comienzo fue la acción».

El mayor logro de Marx, y su ventaja sobre las ideologías y doctrinas socialistas anteriores, es que sintetiza estos cinco afluentes con formando una concepción integral del mundo y de la historia humana hasta entonces ausente en la tradición socialista. El socialismo deja de ser una fantasía igualitaria, un ensayo futurista, un reclamo de mayor justicia o un relato histórico de los padecimientos. Se transforma en una nueva concepción del mundo y de la vida, una teoría crítica de la historia y de la sociedad capitalista mediante el método dialéctico y una filosofía totalizadora del ser humano y de su praxis.

En esta ambiciosa concepción se incorporan todos los antiguos y milenarios anhelos utópicos de justicia y las enseñanzas de todas las rebeliones prácticas que durante cinco mil años de historia han intentado sembrar y cosechar otro tipo de sociedad. Pero ambas vertientes se funden y sintetizan sobre un nuevo terreno: la historicidad.

Nueva mirada de la historia

Marx disuelve el supuesto carácter *eterno* que tanto los pensadores de la Revolución Francesa como los socialistas utópicos habían atribuido a sus reclamos. Lo mismo hace con todas las instituciones, supuestamente «perennes» e «imperecederas». Empezando por la propiedad privada y la justicia, y continuando por el Estado. Nada escapa al fuego de la historia que todo lo derrite y lo disuelve. Aun lo aparentemente más «sólido», más petrificado y cristalizado, como es el caso del capitalismo, entra en combustión al tomar contacto con la historia.

La clave de la comprensión histórica deja de reposar entonces en los buenos o malos deseos, intenciones y declaraciones de los políticos o en las acciones de las «grandes personalidades» de la historia. Para comprender los cambios entre una época y otra hay que atender, fundamentalmente, al conjunto de relaciones sociales que los seres humanos entablan entre sí (de todas ellas, las principales son —para Marx— las relaciones sociales de producción, aunque no son las únicas). A esa visión de conjunto, Marx y Engels la denominaron «concepción materialista de la historia». El término *materialista* no hace referencia a la materia físico-química (los átomos que conforman un metal, por ejemplo) sino a la materialidad social, a la materialidad de las relaciones entre los seres humanos.

La conclusión principal de esta concepción de la historia es:

- La sociedad no es una sumatoria de (a) el *factor económico* + (b) el *factor político* + (c) el *factor ideológico*.

- La sociedad es una totalidad de relaciones sociales atravesada por contradicciones internas que no son eternas, sino transitorias e históricas.

El enigma de la explotación

El socialismo marxista permite hacer observable algo que ya había sido intuido por los utópicos: la sociedad contemporánea es brutalmente injusta y se basa en la explotación de la clase trabajadora. Pero ello no responde a la maldad, perversidad, corrupción o falta de colaboración de los patronos individuales. Lo que hay por detrás de la explotación es una lógica del sistema en su conjunto basada en una instancia oculta: la extracción de plus valor.

El plus valor no es observable a simple vista. La explotación, aunque padecida, sentida, sufrida e intuida día a día por la clase trabajadora, recién puede comprenderse racionalmente y en términos científicos a partir de la teoría crítica del capitalismo que aporta el socialismo marxista. Del sentido común cotidiano no brota la comprensión de la fuente oculta de la explotación capitalista.

En el mercado capitalista, el plus valor asume las formas de:

- ganancia industrial (para el capital dedicado a la industria).

- interés (para el capital centrado en los bancos y las finanzas).

- renta (para el capital basado en la explotación de los trabajadores de la tierra).

Este plus valor se asienta en un trabajo excedente —realizado por los obreros— que no se les paga. El plus valor es un trabajo humano no pagado, no retribuido, pero que permanece oculto bajo la apariencia de que con el salario el patrón paga por todo el trabajo realizado por los trabajadores, cuando en realidad solo paga una parte, quedándose con el excedente.

Esto significa que los obreros trabajan más de lo que realmente necesitan para vivir y para reproducir su capacidad de trabajo (que Marx denomina «fuerza de trabajo»). El plus valor es un valor que va más allá de sí mismo, por eso constituye un plus. Su fuente es un trabajo que dura más allá de lo necesario para reproducir la propia supervivencia de los trabajadores y sus familias. Por eso es un trabajo excedente. De él viven los empresarios y patrones. Estos no explotan porque sean *malos*, sino por la lógica misma del capitalismo (en la vida real se comportan de manera pérfida y maligna, pero aun cuando fueran buena gente, igual seguirían siendo explotadores). Ellos solamente pagan el valor de la capacidad de trabajar de sus empleados, no el valor de lo que los obreros realmente producen. La diferencia entre lo que los trabajadores producen y lo que se les paga como salario es el plus valor.

Con este descubrimiento que Marx le aporta al socialismo, la supuesta «naturaleza humana eterna e inmutable» a la que apela el discurso de los empresarios (y las corrientes teóricas que los legitiman), se esfuma inmediatamente. La fuente de la explotación, aunque oculta a simple vista y para el sentido común, adquiere de este modo una explicación racional y comprensible. No pertenece al «corazón del hombre». Deja de ser una institución *natural* —que siempre existió y siempre... existirá— para transformarse en algo simplemente histórico, transitorio y, por lo tanto, superable.

A partir de este descubrimiento —expuesto en una obra inmensa de miles de páginas, titulada *El Capital* (cuyo primer tomo se publicó en 1867)— el socialismo experimenta una transformación radical. Termina conjugando los viejos anhelos utópicos de una sociedad más justa e igualitaria a los que Marx no renuncia (como muchos historiadores superficiales suponen), con una sólida y detallada argumentación científica.

¿De dónde proviene la cientificidad de este planteo? De la crítica de la economía política clásica, la ciencia social más avanzada en tiempos de Marx que, al mismo tiempo, legitimaba la sociedad mercantil capitalista.

Esta ciencia, en el caso de Adam Smith y David Ricardo, había vislumbrado una teoría del valor de las mercancías sustentado en el trabajo humano que estas tenían incorporado, pero no había podido descubrir:

- El carácter histórico de la forma de *valor* que asumen los productos del trabajo humano cuando son producidos en una sociedad mercantil capitalista.

- La forma general de *plusvalor* (base de la explotación de una clase social por otra), oculta a simple vista, que subyace bajo las formas visibles de ganancia industrial, interés bancario y renta terrateniente.

La filosofía sale fuera de sí en busca de un sujeto

En el socialismo marxista, las dimensiones utópica y científica se articulan junto con la crítica sistemática del statu quo y con una filosofía de la acción transformadora y revolucionaria: la *filosofía de la praxis*. Una concepción general del mundo, de la vida, de los seres humanos, de sus relaciones sociales y de su historia, donde la categoría central —la praxis— hace referencia a la unidad del pensar, el decir, el sentir y el hacer; en otras palabras, a la unidad de práctica y conciencia. Para la filosofía de la praxis la actividad humana transformadora (que modifica la realidad externa al ser humano —el objeto— como al propio ser humano —el sujeto—) constituye lo fundamental.

Esta filosofía descentra el terreno de los añejos relatos utópicos (mayoritariamente desarrollados en la órbita de libros escritos por intelectuales críticos del capitalismo) y sobrepasa el radio de la filosofía universitaria que solo queda limitada a las aulas y bibliotecas, para prolongarse más allá de sí misma, en los trabajadores. Los herederos de la filosofía clásica alemana —de donde Marx y Engels adoptan el método dialéctico— no son, entonces, los profesores ni los académicos (por más bien intencionados o informados que sean) sino la clase trabajadora revolucionaria.

Es esta clase social la que funda en 1864 (en vida de Marx) la Asociación Internacional de los Trabajadores (AIT), también conocida como Primera Internacional. En la AIT convivían los marxistas, junto con los republicanos radicales, los seguidores de Louis-Auguste Blanqui (1805-1881), los discípulos de Proudhon y los anarquistas. (El anarquismo es una ideología libertaria y anticapitalista que mantuvo a lo largo de la historia disputas, cruces, acercamientos, polémicas, intercambios y préstamos de ideas con el socialismo, principalmente con el marxista.)

Si la revolución europea de 1848 fue el bautismo de fuego para las ideas políticas de Marx, la Comuna de París de 1870-1871 constituyó una prueba no menos relevante.

Luego de la derrota de esta última, sobreviene la crisis de la AIT (se disuelve en 1872). En las décadas posteriores se constituyen en Europa poderosos partidos socialistas de masas. El más importante de todos es, a fines del siglo XIX, el alemán. Este partido contribuye a fundar en 1889 la Segunda Internacional o Internacional Socialista.

En esta época, uno de los principales representantes de la Internacional Socialista es el yerno de Marx —casado con su hija Laura— Paul Lafargue (1842-1911). Había nacido en Santiago de Cuba y se convirtió en uno de los políticos socialistas más importantes de Francia. Su gran aporte ideológico a esta tradición fue *El derecho a la pereza*, una obra erudita donde, a contramano de la corriente socialista hegemónica que siempre hizo culto al trabajo, Lafargue defiende los legítimos derechos del ocio obrero y del disfrute del tiempo libre de las clases subalternas. Incluso Lafargue llega a afirmar que el amor frenético al trabajo es «una aberración mental» y «una extraña locura que se ha apoderado de las clases obreras».

Aunque el partido alemán mantiene una inspiración ideológica predominantemente marxista, cambia la terminología y se denomina *socialdemócrata*. A fines del siglo XIX el término *socialdemocracia* era asimilado al de *socialismo* y al de *comunismo*.

Fuera de Europa, uno de los partidos políticos más precoces que sigue la inspiración del partido alemán y que tiene mayor cantidad de adherentes es el de Argentina. En este caso el partido (fundado en 1896 por Juan Bautista Justo [1865-1928]) se denomina *socialista*.

Si el principal dirigente político del partido socialdemócrata alemán es Augusto Bebel (1840-1913), sus dos grandes ideólogos son Carlos Kautsky (1854-1938) y Edward Bernstein (1850-1932). Entre ambos se desarrolla una aguda polémica. Kautskyrepresenta a los *ortodoxos* (por mantenerse fiel a la letra de los escritos de Marx) y Bernstein a los *revisionistas* (por proponerse revisar las teorías de Marx). Aunque siempre los separó la filosofía y la teoría, con el paso del tiempo, en política, Kautsky tendió a acercarse progresivamente a las posiciones moderadas de Bernstein.

Dos caminos divergentes para crear y construir el socialismo

Desde entonces, la Segunda Internacional comienza a dividirse en las dos grandes tendencias mundiales que atravesaron al socialismo durante todo el siglo XX:

- La corriente moderada, reformista, evolucionista y gradualista.

- La corriente radical y revolucionaria.

Si la primera vertiente aspiraba a cambios lentos y cuantitativos, la segunda trataba de incidir de manera activista en lograr cambios cualitativos para transformar la sociedad. Estas dos tendencias reaparecen periódicamente, incluso hasta nuestros días, entre quienes rechazan el capitalismo y aspiran a modificar el orden social (con la diferencia notable de que la corriente reformista de fines de siglo XIX y comienzos del siglo XX, aunque moderada, pretendía llegar al socialismo; mientras que esa misma vertiente hoy en día se conforma tan solo con lograr un *capitalismo de rostro humano*).

La ruptura entre ambas corrientes se produce de manera explosiva durante la Primera Guerra Mundial (1914-1918), cuando entra en crisis la Internacional Socialista. Entonces, el sector moderado de los parlamentarios socialistas perteneciente a diversos órganos legislativos europeos, en sus respectivas cámaras de diputados, votan junto con la derecha y los conservadores, a favor de los créditos de guerra y los proyectos de ley de defensa. Estos proyectos y créditos permitían aumentar el número de efectivos militares de cada país y elevaban el presupuesto militar a miles de millones. De este modo se olvidan de la tradición socialista que históricamente se oponía a apoyar la guerra de un sector de los empresarios (por ejemplo, alemán) contra otro sector empresario (por ejemplo, francés). En esas guerras, los que siempre pierden son los trabajadores que mueren en las trincheras como carne de cañón (sean alemanes o franceses, según el mismo ejemplo).

A partir de esa votación escandalosa y bochornosa todo un sector del socialismo mundial se escinde del otro. Los más radicales —que rechazan la guerra— se separan indignados de los más moderados —que votan los créditos a favor de la guerra.

Los radicales son encabezados en Rusia por Vladimir Ilich Ulianov (conocido por su seudónimo de Lenin [1870-1924]) y en Alemania por Rosa Luxemburgo (1870-1919).

La vergüenza «olvidada» de la socialdemocracia

El asesinato de Rosa Luxemburgo probablemente sea una de las tragedias más deshonrosas y «olvidadas» que padeció la tradición socialista a lo largo de toda su historia (solo comparable con el asesinato de Trotski en 1940 por Ramón Mercader, enviado de Stalin).

La intelectual judía polaca Rosa Luxemburgo tuvo una formación científica y teórica de alto vuelo. Al punto que llegó, incluso, a hacerle correcciones matemáticas a las fórmulas económicas del segundo tomo de *El Capital* de Marx (uno de los más complejos de todos sus escritos).

En Alemania, Luxemburgo fue la principal dirigente de la Liga Spartacus (célula inicial de lo que más tarde fue el Partido Comunista alemán, que adoptó ese nombre en homenaje a la insurrección de los esclavos de la Antigüedad). Junto a Luxemburgo, en Spartacus militaron Carlos Liebknecht (1871-1919), Franz Mehring (1846-1919) y Clara Zetkin (1857-1933).

El 9 de noviembre de 1918 (un año después del levantamiento bolchevique de Rusia) comenzó la revolución alemana. Luego de una huelga general, los trabajadores insurrectos —dirigidos por Rosa Luxemburgo— proclamaron la República y se constituyeron consejos revolucionarios de obreros y soldados. Mientras Kautsky y otros socialistas se mostraron vacilantes, el grupo mayoritario en el socialismo alemán (comandado por Federico Ebert [1870-1925] y Philipp Schleidemann [1865-1939]) enfrentó con vehemencia y sin miramientos a los revolucionarios.

Tal es así que Gustav Noske (1868-1947), miembro del grupo mayoritario del socialismo, asumió como ministro de Guerra. Desde ese puesto y con ayuda de los oficiales del antiguo régimen alemán, organizó la represión de los espartaquistas insurrectos. Mientras tanto, el diario socialdemócrata *Vorwarts* [Adelante] publicaba avisos llamando a los Freikorps —*cuerpos libres*, nombre de los comandos terroristas de derecha— para que combatieran a los espartaquistas, ofreciéndoles «sueldo móvil, techo, comida y cinco marcos extra».

El 15 de enero de 1919 Carlos Liebknecht y Rosa Luxemburgo resultan capturados en Berlín por la enfervorizada tropa de soldados. Horas más tarde caen salvajemente asesinados. Poco después, Leo Jogiches (1867-1919, quien también utilizaba los seudónimos de León Grozowski, Jan Tyszka o J. Krysztalowicz), compañero de amor y militancia de Rosa Luxemburgo durante muchos años, murió igualmente asesinado. Los cobardes militares arrojaron el cuerpo de Rosa, ya sin vida, a un río.

La responsabilidad política que el socialismo reformista y gradualista tuvo en el miserable asesinato de Rosa Luxemburgo y sus compañeros ya nadie la discute. Ese acto de barbarie ha quedado como una vergüenza moral en esta tradición y difícilmente se borre con el tiempo.

El marxismo revolucionario: todo o nada, se sacude la historia y se quiebran los tiempos

El otro líder del socialismo radical, que asume la dirección luego de la escisión de la Primera Guerra Mundial, es Lenin. Este último, en 1917, se encargó en Rusia de «tomar el cielo por asalto» (la expresión pertenece a una carta que Carlos Marx le escribiera en 1871 a su amigo Kugelmann sobre la insurrección de la Comuna de París. Lenin siempre festejó esa expresión de Marx pues encontraba en ella el corazón del marxismo revolucionario).

En octubre de 1917 se produce la Revolución rusa, que quiebra los tiempos, sacude la historia y abre todo un arco de posibilidades para la rebelión mundial de los explotados y sojuzgados.

Después de siglos y siglos de agachar la cabeza y obedecer, las clases subalternas se ponen de pie, miran cara a cara a los explotadores, los enfrentan y logran vencerlos.

Las consecuencias de la Revolución Rusa marcaron con fuego todo el siglo XX. Al mismo tiempo, además de retomar el impulso revolucionario de Marx, con Lenin el socialismo deja de ser una doctrina exclusivamente europea para comenzar a universalizarse realmente, superando su inicial eurocentrismo. A partir de su análisis del «problema colonial» y de su liderazgo en la Internacional Comunista o Tercera Internacional (fundada en 1919 por Lenin acompañado de Trotski), el socialismo marxista radical se difunde rápidamente por China, India, Indochina —hoy Vietnam—, América del Sur y otros segmentos del globo terráqueo que hasta entonces no habían concitado un gran interés para el socialismo europeo. Las reivindicaciones y reclamos de los pueblos oprimidos y sojuzgados de Asia, África y América Latina encuentran en el marxismo revolucionario de Lenin y sus amigos el prisma en el cual se inspiran sus rebeliones.

En China, Mao Tsé-Tung (también llamado Mao Zedong [1893-1976]), quien encabeza en 1949 la revolución en aquel país, utiliza el pensamiento de Lenin. Lo mismo sucedió en Vietnam, cuyo principal líder Ho Chi Minh (su verdadero nombre era Nguyên Th at Th anh [1890-1969]), se declara discípulo de Lenin. Ho Chi Minh dirigió una larga guerra de liberación. Primero, contra Japón, luego contra Francia y, finalmente, contra Estados Unidos. En esas guerras de liberación, el pueblo de Vietnam derrota a las principales potencias de la Tierra, infinitamente más poderosas. Lenin fue la gran inspiración.

Lenin no estuvo aislado en su visión radical del socialismo. Dentro de ese mismo horizonte de ideas ha sido igualmente acompañado, durante la primera mitad del siglo XX, por León Bronstein (habitualmente conocido por su seudónimo de Trotski

[1879-1940]), la ya mencionada Rosa Luxemburgo y Antonio Gramsci (1891-1937), los representantes políticos más notorios del socialismo revolucionario. Pero durante la segunda mitad del siglo XX su mensaje encontró un portavoz mundialmente reconocido: el argentino-cubano Ernesto Che Guevara (1928-1967).

El socialismo marxista como ética revolucionaria

El Che Guevara, heredero del socialista peruano José Carlos Mariátegui (1894-1930), principal marxista de América Latina, se convirtió en el símbolo mundial del socialismo radical —o comunismo revolucionario— y de la protesta internacional contra el sistema capitalista. Desde la Revolución cubana de 1959 encabezada por Fidel Castro (n.1926) y por el Che Guevara, el marxismo latinoamericano retoma la perspectiva política revolucionaria de Lenin y Mariátegui, articulándola con una lectura humanista del socialismo.

En la singular interpretación marxista revolucionaria del Che, esta ideología se entiende no solo como un programa de acción política y de transformaciones económicas sino también —y principalmente— como una ética vital. Según sus propias palabras: «Déjeme decirle, a riesgo de parecer ridículo, que el revolucionario verdadero está guiado por grandes sentimientos de amor. Es imposible pensar en un revolucionario auténtico sin esta cualidad». Su jefe, compañero y amigo, Fidel Castro, lo sintetizó de la siguiente manera: «El verdadero revolucionario no piensa de qué lado se vive mejor sino de qué lado está el deber».

En sintonía con esta concepción ética y humanista del socialismo, el Che Guevara sostiene: «la última y más importante ambición revolucionaria es ver al hombre liberado de su enajenación». En otra oportunidad, despidiéndose de sus hijos, les dice: «Acuérdense que la Revolución es lo importante y que cada uno de nosotros, solo, no vale nada. Sobre todo, sean siempre capaces de sentir en lo más hondo cualquier injusticia cometida contra cualquiera en cualquier parte del mundo. Es la cualidad más linda de un revolucionario».

Guevara se apoya en una detallada lectura de los textos científicos del marxismo: estudia durante años, junto con Fidel Castro y otros compañeros, *El Capital* y tiene varios escritos sobre este tema, incluyendo una extensa crítica al *Manual de Economía Política* de la Unión Soviética. Pero, al mismo tiempo, el Che reactualiza dentro del socialismo el viejo anhelo utópico de un igualitarismo radical (presente en los *auténticos igualadores*, encabezados en Inglaterra por Gerrard Winstanley o en *la conspiración de los iguales*, dirigidos en Francia por *Graco* Babeuf). Todo el movimiento estudiantil de 1968 (desde Berkeley en Estados Unidos, Trento en Italia, París en Francia, Berlín en Alemania hasta México) lo adopta como guía. Lo mismo hacen las revoluciones del Tercer Mundo: Vietnam, Argelia y todo el movimiento guerrillero latinoamericano. En Estados Unidos los Panteras Negras siguen ese mismo camino.

Desde aquellos años sesenta hasta hoy, ese componente utópico de liberación radical e igualitarismo intransigente lo transforman en un auténtico paradigma a los ojos de toda la nueva izquierda mundial y principalmente de la juventud.

Para aquel tiempo, cuando Fidel y el Che encabezan la Revolución Cubana, la Unión Soviética ya se había burocratizado.

Tras la muerte de Lenin (1924), la burocratización terminó carcomiendo por dentro a la revolución y a su proyecto emancipador. Ese proceso alcanzó su cenit durante el apogeo de Stalin (1879-1953). Renunciando a la perspectiva internacionalista, Stalin (su verdadero nombre era José Vissarionovich Dzugash-

vili) había llegado al límite de disolver en 1943 la III Internacional
—Trotski funda, en disidencia, la IV Internacional en 1938—
mientras consolidaba su singular *modelo socialista en un solo país*.
Completamente alejado del proyecto de Lenin, este modelo
se consolidó en base a un fuerte autoritarismo (donde muchos
revolucionarios fueron asesinados) y a una jerarquía exacerbada
(que generó un importante descontento y apatía en la clase trabajadora rusa hasta tal punto que cuando en 1991 se derrumbó
la URSS nadie movió un dedo para defenderla o preservarla).

Tras la muerte de Stalin (1953), sus continuadores al frente
de la URSS no hicieron más que prolongar ese mismo camino.
Por entonces la Unión Soviética y su versión gris y burocrática
del *socialismo real* habían perdido todo atractivo y toda seducción
para la juventud rebelde y para los trabajadores revolucionarios
del mundo.

Ante ese panorama sombrío, el mensaje radical de Guevara inspirado en la Revolución Cubana que dirige junto a
Fidel Castro, se convierte rápidamente en un paradigma y un
ejemplo alternativo de carácter mundial frente a los *socialismos
reales* europeos que se derrumban con el muro de Berlín (principalmente el de la URSS, pero también el de Alemania del Este,
Checoslovaquia, Polonia, Rumania, etc., etc.). Así lo interpretan
los jóvenes no solo de América Latina sino también de Europa
y otros continentes que hoy reclaman *otro mundo posible*. No es
casual que la imagen del Che aparezca en los idiomas más diversos, en los países más re motos y en toda protesta contra el capitalismo de nuestros días.

Orfandad política y seducción académica

La otra vertiente del socialismo, gradualista y moderada, no
cuenta en sus filas con un pensador político de la estatura de

Lenin o de Gramsci ni tampoco con una figura seductora análoga a la del Che Guevara.

El principal teórico de esta tradición es, sin duda, Edward Bernstein. Rompiendo amarras con el radicalismo de Marx, pero conservando la perspectiva colectivista, Bernstein reclama a fines del siglo XIX extirpar del socialismo toda referencia a la filosofía de Hegel. Según su óptica, en la filosofía dialéctica de Hegel (que Marx hizo suya, conjugándola con otras tradiciones y disciplinas) se encuentra la base teórica del radicalismo político.

Para remediarlo, Bernstein propone una nueva síntesis filosófica entre Marx e Immanuel Kant (1724-1804). De esta forma, piensa Bernstein, se garantiza que el socialismo sea tan solo un ideal ético a largo plazo (el «programa máximo» en la jerga de la época), evitando todo intento por llevarlo a la práctica mediante levantamientos revolucionarios.

Polemizando con Bernstein, Kautsky propone reemplazar a Kant por… Charles Robert Darwin (1809-1882). De este modo construye, en nombre de Marx, un socialismo evolucionista que, políticamente, no difería demasiado del de Bernstein.

El experimento teórico de Bernstein, calificado en su tiempo como *revisionista* (porque revisa los fundamentos del socialismo marxista), no tuvo una prolongación teórica de idéntico tenor y solidez durante todo el siglo XX.

Desde el triunfo de la Revolución Bolchevique de 1917 en adelante, la corriente política de Bernstein y Kautsky que promueve un tránsito gradual y desacelerado al socialismo, comienza a autobautizarse como *socialista democrática* (a pesar de que en Alemania, por ejemplo, el autobautizado *socialismo democrático* asesina, precisamente en nombre de la «democracia», a Rosa Luxemburgo…). Así marca su férrea oposición al socialismo revolucionario. Dicha oposición llegó a su límite extremo durante la revolución alemana de 1918-1919 con la brutal ejecución de los espartaquistas.

A pesar de la seria limitación que implicó no contar con herederos del mismo calibre intelectual que Bernstein o Kautsky, esta corriente logra seducir a algunos intelectuales académicos. El más famoso de ellos —de renombre mundial— es Albert Einstein (1879-1955), fundador de la física relativista. Einstein encuentra en el socialismo reformista un ideal ético compatible con su fe judía pacifista y humanista. Este pacifismo lo condujo a oponerse, junto con el filósofo liberal inglés Bertrand Arthur William Russell (1872-1970), a la carrera armamentista de Estados Unidos.

Entre los políticos más notorios del siglo XX que se adhirieron al socialismo reformista, cabe mencionar al canciller alemán Herbert Ernst Karl Frahm (conocido habitualmente por su seudónimo Willy Brandt [1913-1992]) y al sueco Olof Palme (1927-1986). Este último, a pesar de ser reformista, representó una perspectiva más abierta al Tercer Mundo y más progresista que la de Willy Brandt. Incluso, mantuvo una actitud de simpatía por Vietnam en la guerra que enfrentó a aquel país con Estados Unidos.

Quizás la única figura-emblema que la vertiente moderada ha logrado integrar en su constelación ideológica con un estatus ético en alguna medida parangonable al del Che Guevara haya sido el presidente chileno Salvador Allende (1908-1973). Allende fue elegido presidente de Chile, en forma constitucional y de acuerdo con las leyes burguesas, en 1970. Tres años más tarde, en septiembre de 1973, ante su negativa a ceder frente a las presiones del Ejército y de las empresas estadounidenses, fue derrocado y asesinado por el general Pinochet (asesorado por la CIA). Esa experiencia frustrada —y la actitud inquebrantable que en ella jugó Allende en defensa de la legalidad hasta su último aliento— alcanzaron gran repercusión en América Latina y en Europa.

Un debate abierto

Luego de años de disputas y polémicas, ambas vertientes socialistas —la gradualista y la revolucionaria— se han vuelto a entrecruzar (junto con la tradición anarquista libertaria, el ecologismo, el feminismo, el cristianismo de liberación y otras corrientes críticas del neoliberalismo) en el actual movimiento de resistencia global contra el capitalismo. Un movimiento que nació en 1996 a partir de un llamado internacional de los zapatistas de Chiapas y que luego se consolidó a partir de la rebelión de Seattle (Estados Unidos, 1999).

Desde ese momento hasta hoy [2007] la rebelión de los pueblos va en aumento. El neoliberalismo entra en crisis y vuelven a instalarse los grandes debates sobre el socialismo. Hugo Chávez, en Venezuela, invita a este debate proclamando públicamente el nacimiento continental del socialismo del siglo XXI. El contenido de este nuevo socialismo todavía sigue abierto a la discusión.

Cómo será el socialismo del siglo XXI y qué formas futuras asumirá este *movimiento mundial de movimientos* (que reclama *otro mundo posible*) es parte de una historia abierta cuyas mejores páginas todavía no se han escrito. El desenlace de ese final abierto no es ajeno a nuestra participación.

FERNANDO MARTÍNEZ HEREDIA es doctor en Derecho y profesor titular adjunto de la Universidad de La Habana, en la que fue director de su Departamento de Filosofía. Trabaja como investigador titular en el Centro Juan Marinello, del Ministerio de Cultura de Cuba. Es un ensayista e historiador reconocido. Fue el director de la revista cubana *Pensamiento Crítico*. Desde 1966 ha investigado sobre la revolución y la historia cubanas, y sobre movimientos populares latinoamericanos. Autor de una decena de libros y más de 200 ensayos y artículos publicados en numerosos países. Ha sido traducido al inglés, portugués, francés e italiano.

Participó en la fase insurreccional, la reforma agraria y otras actividades del proceso cubano, y en Nicaragua (1979-1984). Es miembro de la Unión de Escritores y Artistas de Cuba y en 2006 mereció el Premio Nacional de Ciencias Sociales de Cuba.

NÉSTOR KOHAN es investigador y docente en la Universidad de Buenos Aires (UBA). Actualmente coordina la «Cátedra Che Guevara: Colectivo Amauta» y la Escuela de Formación Política 22 de agosto «Héroes de Trelew». Colabora regularmente en la Escuela Nacional «Florestan Fernandes» del Movimiento Sin Tierra (MST) de Brasil. Ha publicado diversos libros sobre teoría marxista e historia del pensamiento revolucionario (entre otros: *El Capital, historia y método*; *Ernesto Che Guevara: El sujeto y el poder*; *Ensayos sobre el marxismo argentino y latinoamericano*). Además ha sido jurado en el Doctorado de la UBA, en «Pensar a contracorriente» y en Casa de las Américas.

www.ingramcontent.com/pod-product-compliance
Lightning Source LLC
Chambersburg PA
CBHW021525270326
41930CB00008B/1097